V&R

תולדות toldot

Essays zur jüdischen Geschichte und Kultur

Herausgegeben von Dan Diner

Band 10

Jakob Hessing

Verlorene Gleichnisse

Heine Kafka Celan

Vandenhoeck & Ruprecht

Bibliografische Information der Deutschen Nationalbibliothek

Die Deutsche Nationalbibliothek verzeichnet diese Publikation in der Deutschen Nationalbibliografie; detaillierte bibliografische Daten sind im Internet über http://dnb.d-nb.de abrufbar.

ISBN 978-3-525-35086-7
ISBN 978-3-647-35086-8 (E-Book)

Lektorat: Monika Heinker

Druck und Bindung: ⊕ Hubert & Co, Göttingen

Inhalt

Vorwort 7

Vom Verlust der Gleichnisse 9

Ein besseres Lied
Heinrich Heine 30

Vater und Sohn
Franz Kafka 63

Nicht wissen, was gilt
Paul Celan 101

Quellen und Literatur 137

Zum Autor 147

Für Ilana Shmueli

Vorwort

Das Gleichnis ist ein Motiv biblischen Ursprungs. Es steht am Anfang aller Literarisierung. Später dringt es in abgeschwächter und verwandelter Form in die säkularisierten Bilderwelten ein. Das Imprägnieren jüdischer Sprech- und Schreibweisen mit Figuren biblischer Gleichnisse war dabei grundlegender als in christlichen Kulturen, obschon auch dort – vornehmlich im protestantischen Milieu – das Lesen, Deklamieren und Analogisieren in den Zeichen des biblischen Vorbilds kanonische Geltung erlangte. Dieser Unterschied mag dem Umstand geschuldet gewesen sein, dass die Juden später und in Reaktion auf die wesentlich von Nichtjuden getragene Aufklärung begannen, ihre heiligen Texte zu profanieren.

Jakob Hessing erläutert die mit dem Übertritt in die Wertewelt der Aufklärung verbundene Verwandlung und den hieraus resultierten Verlust des biblischen Gleichnisses anhand von Lessings Parabel *Nathan der Weise,* die für die Juden im Hinblick auf ihren Eintritt in die Moderne den Charakter eines Urtextes annahm. Als dem Vater die traditionsgemäß vorgeschriebene Wahl eines seiner Söhne erlassen worden war, so schreibt der deutsche Pfarrerssohn, fand sich auch das für das Judentum konstitutive metaphysische Merkmal des Gottesbundes – die Erwählung – annulliert. Der von Lessing durch die Figur des Nathan propagierte Toleranzgedanke erweist sich so besehen als zweischneidig. Denn am Schluss des Dramas bleibt gerade Nathan außerhalb des Kreises der Versöhnung aller mit allen. Im Angesicht der Lösung, die er selbst herbeigeführt hatte, steht er kinderlos und ohne Zukunft auf der Bühne. Die Menschheit findet ohne die Juden statt.

Die Parabel, die Lessing dem jüdischen Weisen in den Mund legt, war Ausdruck eines ehrenvollen Abschieds – der Ausgangspunkt des Eintritts der Juden in die deutsche Literatur. Um den Preis dieses Eintritts, genauer: um den mit ihm verbundenen Verlust geht es in den drei Kapiteln des vorliegenden Toldot-Bandes. Der Autor zeigt das Schwinden der Gleichnisse am Beispiel von drei Ikonen der deutsch-jüdischen Literatur – Heinrich Heine, Franz Kafka und Paul Celan – und deckt dabei zugleich das durch den Verlust sichtbar gewordene Mal des Schwundes auf. Die Autoren repräsentieren zudem drei verschiedene Zeiten einer universellen jüdischen Existenzerfahrung in sowohl offener als auch in verborgener Form: Bei Heine ist es die Emanzipations- und Revolutionserfahrung; Kafka steht für die bürgerliche Entfremdung vom Ursprung; und Celan zeigt aus dem besonderen »Neigungswinkel« der Vernichtung den endgültigen Verlust der Gottesgewissheit.

Dan Diner Frühjahr 2011

Vom Verlust der Gleichnisse

Während des Zweiten Weltkriegs schreibt der Romanist Erich Auerbach – ein Jude aus Berlin, den die Nazis seiner Marburger Professur beraubt haben – im türkischen Exil das Werk *Mimesis. Dargestellte Wirklichkeit in der abendländischen Literatur.* In den Jahren ihres Untergangs lässt er die europäische Kultur noch einmal Revue passieren und beginnt seine Studie mit zwei Urtexten: Dem vordergründigen Realismus Homers, der die Menschen seiner Odyssee ins helle Licht rückt, stellt er die Hintergründigkeit des Alten Testamentes entgegen und lässt uns das Schweigen hören, in dem Abraham seinen Sohn Isaak zur Höhe des Berges Morija führt. Aus diesem Schweigen erwächst ein Großteil der abendländischen Literatur. »Ist so der biblische Erzählungstext aus seinem eigenen Inhalt heraus deutungsbedürftig«, schreibt Auerbach über das Rätsel der dem Vater auferlegten und schließlich erlassenen Opferung des Sohnes,

> so treibt ihn sein Herrschaftsanspruch noch viel weiter auf diesem Weg. Er will uns ja nicht nur für einige Stunden unsere eigene Wirklichkeit vergessen lassen wie Homer, sondern er will sie sich unterwerfen; wir sollen unser eigenes Leben in seine Welt einfügen, uns als Glieder seines weltgeschichtlichen Aufbaus fühlen. Dies wird immer schwerer, je weiter unsere Lebenswelt sich von der der biblischen Schriften entfernt, und wenn diese trotzdem ihren Herrschaftsanspruch aufrecht erhält, so ist es unabweislich, daß sie selbst sich, durch ausdeutende Umformung, anpassen muß […].

Der monotheistische Text und sein totaler Machtanspruch geben sich kund, zugleich verweisen sie aber auch auf die Schwierigkeit, diesem Anspruch Dauer zu verleihen. Überraschend lange ist es ihm gelungen, denn im

Neuen Testament vollzog er die von Auerbach postulierte »ausdeutende Umformung«, passte sich der Welt des Hellenismus an und wurde später, beginnend in der Krisenzeit des Römischen Reiches, zur Religion des Abendlandes. »Ist Gott für uns, wer mag wider uns sein?« schreibt Paulus an die Römer, »welcher auch seines eigenen Sohnes nicht hat verschonet, sondern hat ihn für uns alle dahingegeben; wie sollte er uns mit ihm nicht alles schenken?« (Röm 8,31–32) Gott selbst übertrumpft hier seinen alttestamentlichen Knecht, er opfert den eigenen Sohn und reicht das Heilsmonopol an die Christen weiter.

Für die Juden jedoch bleibt das Morija-Ereignis der Ursprung ihrer Identität, und eine lange Geschichte der Exegese, von den Rabbinen bis in die Jahre der Shoah und darüber hinaus, belegt seinen tiefen Einfluss auf ihr Selbstverständnis. Die Deutungen mögen sich verändert haben – ihr Schwergewicht lag abwechselnd auf Abraham, auf Isaak, auf Sarah –, gemeinsam aber war ihnen der Glaube, dass sich im Rätsel des verhinderten Opfers ihre Heilsgeschichte verbarg: Sie nahmen es als Vor-Bild für ihre eigene, oft gequälte Existenz, die sie »vertikal mit der göttlichen Vorsehung« verbanden.

So drückt es Auerbach aus, doch es blieb nicht dabei. Mit der beginnenden Neuzeit erfasst der Prozess der Säkularisierung auch diesen Glauben, und nach dem Ersten Weltkrieg steht Franz Kafka der Bindung Isaaks skeptisch gegenüber. In einem Brief vom Juni 1921, er ist schwerkrank und hat nur noch wenige Jahre zu leben, beschreibt er Gottes Ruf an Abraham als groteske Szene:

> Ein Abraham, der ungerufen kommt! Es ist so wie wenn der beste Schüler feierlich am Schluß des Jahres eine Prämie bekommen soll und in der erwartungsvollen Stille der schlechteste Schüler infolge eines Hörfehlers aus seiner schmutzigen letzten

Bank hervorkommt und die ganze Klasse losplatzt. Und es ist vielleicht gar kein Hörfehler, sein Name wurde wirklich genannt, die Belohnung des Besten soll nach der Absicht des Lehrers gleichzeitig eine Bestrafung des Schlechtesten sein.

Ein Hörfehler, und vielleicht auch nicht: Schwarz tritt Kafkas Humor hervor, wenn man bedenkt, dass das Schema Israel, das »Höre Israel«, ein zentrales Gebot des Judentums ist. Traditioneller Exegese steht Verzweiflung entgegen; später – eingebettet zwischen Heinrich Heine, der die Reihe der bedeutenden deutsch-jüdischen Dichter eröffnet, und Paul Celan, der nach eigenem Empfinden zu ihren letzten gehört – wird Kafkas Verzweiflung näher zu betrachten sein.

Mit seiner Bibelübersetzung hat Martin Luther die Sprache geschaffen, in der seither die deutsche Literatur geschrieben wird. Ihre ursprüngliche Verbindung zu den heiligen Texten hatte Folgen, und nicht zufällig entstammt ein bedeutender Teil ihrer Autoren dem protestantischen Pfarrhaus. Die Reformation hatte den Zölibat aufgehoben, der Pastor konnte die Tradition nun auch an seine eigenen Kinder weitergeben.

Zu Beginn des 16. Jahrhunderts hatte es schon mehrere deutsche Übersetzungen gegeben, aber erst Luthers Bibel wurde zum historischen Ereignis. Sie formte nicht nur die Schriftsprache, sondern auch das Umgangsdeutsch; doch ist man sich dessen kaum mehr bewusst. Worte wie »Abrahams Schoß« oder »Hiobsbotschaft« lassen ihren biblischen Ursprung noch leicht erkennen, aber wer heute »aus seinem Herzen keine Mördergrube machen« oder »sein Licht nicht unter den Scheffel stellen« will, weiß selten, dass er Luthers Sprachschöpfungen verwendet. Die frohe Botschaft, die er den Deutschen bringen wollte, ist vielen fremd geworden.

Das war nicht immer so. Albrecht Schöne hat die Säkularisierung des biblischen Textes als sprachbildende Kraft beschrieben, hat seine typologischen Aneignungen – postfigurale Gestaltung, didaktische Verweisung, weltliche Kontrafaktur – in Werken der deutschen Literatur vom 17. bis zum 20. Jahrhundert beobachtet. Solche Transformierungen wären nicht denkbar gewesen ohne die Reformation, die eine hohe Vertrautheit weiter Kreise mit der Heiligen Schrift schuf. Vielfach belegt ist diese unter anderem in den Strömungen des Pietismus, und ihre Voraussetzung hatte sie schon in Luthers Verdeutschung der Bibel.

Im vierten Hauptstück seines *Kleinen Katechismus* spricht Luther über das Sakrament der heiligen Taufe. Sie ist »nicht allein schlicht Wasser, sondern sie ist das Wasser in Gottes Gebot gefasst und mit Gottes Wort verbunden«. Dann zitiert er dieses Gotteswort: »Unser Herr Christus spricht bei Matthäus im letzten Kapitel: ›Gehet hin und machet zu Jüngern alle Völker: Taufet sie im Namen des Vaters und des Sohnes und des Heiligen Geistes und lehret sie halten alles, was ich euch befohlen habe‹ (Mt 28,19–20)«. Und schließlich erklärt Luther, wie die Taufe die Vergebung der Sünden bewirkt: Ohne »Gottes Wort ist das Wasser schlicht Wasser und keine Taufe; aber mit dem Worte Gottes ist es eine Taufe, das heißt, ein gnadenreiches Wasser des Lebens und ein Bad der neuen Geburt im Heiligen Geist.«

Nahtlos gehen biblischer Text und Erklärung hier noch ineinander über. Der Mensch wird aus dem Fruchtwasser des Fleisches geboren, doch damit ist es nicht genug; in Gottes Reich gelangt er erst nach seiner Taufe, erst nach dem »Bad der neuen Geburt« aus dem Wasser des Geistes. Dann darf er auch am Abendmahl teilnehmen, in dem sich seine Heiligung ein Leben lang wiederholen wird – am »wahre[n] Leib und Blut unseres Herrn Jesus Christus«, wie es im sechsten Hauptstück über das Sakrament des Altars heißt.

Die heilige Handlung verwandelt den Menschen, das ist der Grundsatz aller Religion. Im Sakrament und seinen Segnungen wird ihm der Schutz zuteil, der sich aus einem ursprünglichen Ereignis herleitet – dem letzten Abendmahl vor der Kreuzigung, dem Taufbefehl des wiederauferstandenen Christus –, und das Ritual, periodisch nachvollzogen, wird zum Gleichnis. Aus dem ursprünglichen Geschehen schreibt sich ein Muster fort, das im Leben der Gläubigen ständige Wiederholung findet und zum Heilsgeschehen wird.

Es ist das Weltbild der abendländischen Kultur, das spätestens mit dem Beginn der Neuzeit in die Krise gerät. Seit der Französischen Revolution spitzt sie sich zu, doch seine formende Kraft bleibt lange erhalten, und noch am Ende des 19. Jahrhunderts leitet Thomas Mann seine Tragödie der Buddenbrooks mit Worten des Katechismus ein. »Was ist das. – Was – ist das …«, fragt die achtjährige Tony und kommt nicht weiter, weil sie im Glaubensbekenntnis stecken geblieben ist. Ihre Mutter gibt das Stichwort, und dann fährt sie fort: »Ich glaube, daß mich Gott […] geschaffen hat samt allen Kreaturen […] Dazu Kleider und Schuhe […] Essen und Trinken, Haus und Hof, Weib und Kind, Acker und Vieh …« Es ist ein mehrfach unterbrochener, unvollständiger Vortrag, und er bricht vor dem trostreichen Schluss ab: »mit allem, was not tut für Leib und Leben, mich reichlich und täglich versorgt, in allen Gefahren beschirmt und vor allem Übel behütet und bewahrt.« Noch darf der Erzähler Thomas Mann damit rechnen, dass seine protestantischen Leser den Text kennen und die Ironie empfinden werden, die über dem Gottesvertrauen im Haus der Buddenbrooks liegt.

Ist der Niedergang der Familie nur symptomatisch für die tragische Geschichte des deutschen Bürgertums im 19. Jahrhundert? Reflektiert der Roman nur seine Zeit, nur die Jahre zwischen 1835 und 1877, in denen er spielt? Die religiösen Motive in diesem und anderen Werken Thomas Manns weisen auf einen größeren Zusammenhang hin, in dem nicht nur die bürgerliche, sondern auch die protestantische Tradition einem Ende entgegengeht – ihre Krise hat tiefe Wurzeln.

Sie sind bereits an ihrem Ursprung angelegt, im Zeitalter Martin Luthers. Die Reformation ist das Rückzugsgefecht eines Glaubens, der in der Kirche der Renaissance längst erschüttert ist. Die mörderischen Zustände unter Papst Alexander VI. (1492–1503) aus dem Hause Borgia bilden groteske Auswüchse eines Verfalls, der den Vatikan auch unter seinen Nachfolgern Julius II. (1503–1513) und Leo X. (1513–1521) zu einer Stätte rein weltlicher, dem christlichen Glauben entfremdeter Politik macht. Luther reagiert indessen nicht allein auf diese politischen, sondern auch auf die geistigen Entwicklungen innerhalb der katholischen Kirche.

Als das Christentum einst seinen europäischen Siegeszug antrat, deutete es die entstehende Feudalordnung zunächst im Gleichnis der himmlischen Hierarchie, das Karolingerreich und seine späteren Wandlungen als Weltstaat, als *Civitas Dei.* Diesem platonisch gefärbten Augustinismus stand in der Philosophiegeschichte des Abendlandes bald eine an Aristoteles geschulte empirische Weltbetrachtung gegenüber, die in der thomistischen Doktrin der Hochscholastik die Oberhand gewann. Schon hier galten Glaube und Vernunft als gesonderte Wege der Erkenntnis, vollends aber wurden sie im Nominalismus der Spätscholastik voneinander getrennt. Und Nicolaus Cusanus (1401–1464), Kirchenphilosoph in der letzten Generation vor Luther, sprach schließlich von der *docta ignorantia,* der gelehrten Unfähigkeit, Gott in seiner Unendlichkeit zu erkennen. Die Angst eines Gottesverlustes ist spürbar, und wenige Jahrzehnte später wird Luther versuchen, sie in seiner Re-Formation des christlichen Glaubens noch einmal zu bannen, die Welt noch einmal in das Licht Gottes zu rücken.

Die längst vollzogene Trennung von Gott und der Welt kann aber auch als eine große Chance der Neuzeit verstanden werden. Die Nominalisten der Spätscholastik ließen keine allgemeinen Oberbegriffe mehr gelten, sondern nur noch die konkreten Einzeldinge, und für ihre Deutung der göttlichen Schöpfung hatte das entscheidende Folgen. »Der Realismus von Begriffen, die sich auf eine vor den Dingen bestehende exemplarische Verbindlichkeit beziehen, erweist sich als unvereinbar mit dem strikten Begriff der *creatio ex nihilo*« – so fasst es der deutsch-jüdische Philosoph Hans Blumenberg zusammen. »Das *universale ante rem* als das im Konkreten beliebig Wiederholbare und Wiederholte hat nur einen Sinn, solange das Universum einen endlichen Inbegriff von Möglichkeiten darstellt. Im Begriff der *potentia absoluta* ist aber die Unendlichkeit des Möglichen impliziert, und das macht die Deutung des Individuellen als Wiederholung eines Universellen sinnlos.«

Schon die nominalistische Position entzieht aller traditionellen Gleichnisrede somit ihren Boden. Das Problem, das hier zutage tritt, lässt sich jedoch auch radikaler formulieren. Denn worum geht es im sogenannten Universalienstreit, in dem Blumenberg den Nominalisten sekundiert, sich der historischen Semantik der Philosophie bedienend?

Der Sündenfall, Grundbegriff der christlichen Doktrin, ist der Augenblick, in dem alles seinen Anfang nahm; das erste Menschenpaar war ungehorsam, Gott vertrieb es aus dem Paradies, und der Rest ist Geschichte – die Geschichte der Menschheit auf ihrer Suche nach dem Rückweg ins Paradies. Die monotheistischen Religionen bieten Alternativen an, hinter dem Konzept des absoluten Schöpfergottes aber verbirgt sich ein Geheimnis, an das man lange nicht zu rühren wagte.

Mit der *potentia absoluta* verlieh man dem Schöpfer des Universums eine bisher unerhörte Allmacht, man machte ihn zum konkurrenzlosen Eingott, entgrenzte seine Möglichkeiten wie noch niemals zuvor. Und man tat ein Übriges: Man stellte den Menschen als sein Ebenbild dar. »Gott schuf den Menschen zu seinem Bilde«, heißt es, und der Schöpfer spricht zu ihm: »Seid fruchtbar und mehret euch und füllet die Erde und machet sie euch untertan.« So heißt es in Genesis 1,27–28, und erst danach, im zweiten und dritten Kapitel der Genesis, wird von Paradies und Sündenfall erzählt.

Diese Reihenfolge des doppelten Schöpfungsberichtes ist nicht zufällig. Im menschlichen Ebenbild Gottes, dem ersten Gleichnis der monotheistischen Kultur, ist eine Usurpation eingetragen, die sich lange nicht hervorwagen wird und hinter den Gesten des Schuldgefühls verborgen bleibt – hinter der Vertreibung aus dem Paradies, der Anbetung des Gekreuzigten, der Unterwerfung vor der Größe Allahs. Aber Homo sapiens hat sich auf den Weg gemacht, und einmal ist es so weit: Hinter der Maske des Ebenbildes tritt er als Erbe der Allmacht hervor.

Die im Paradies verbotene Erkenntnis ist in Wirklichkeit sein tiefstes Anliegen, und an der Schwelle zur Neuzeit nimmt er die Maske ab. In der Epoche des Humanismus rückt der Mensch ins Zentrum der Dinge – bei Jacob Burckhardt lässt sich das Ideal des *uomo universale* studieren, das in der italienischen Renaissance entsteht. Mannigfach sind die Symptome dieser nicht mehr aufzuhaltenden Wende, zu ihnen gehören auch der Universalienstreit, der Nominalismus und der Unendlichkeitsgedanke bei Nicolaus Cusanus. Mit Kolumbus und anderen Entdeckern verdoppelt sich die Größe der bislang bekannten Erde, mit Kopernikus und Bruno, Kepler und Galilei verändert sich ihre Stellung im Universum, und zur gleichen Zeit lebt ein Mann, dessen Legende die Ambivalenz des neuen Weltbildes einfängt: Johann Georg Faust (vermutlich 1480–1540), Zeitgenosse Martin Luthers. Immer noch, wie einst in der Genesis, wird sein Wissensdrang mit dem Teufel verknüpft.

Der Grund für diese Dämonisierung liegt in einer tiefen Angst. Die verbotene Frucht des Sündenfalls verschlüsselt die Sonderstellung des Menschen: Unter allen Lebewesen ist nur er in der Lage, die Gesetze zu durchbrechen, die die Natur ihm auferlegt, und er fürchtet ihre Rache. Noch fühlt er sich zu schwach, um sie ungestraft herauszufordern, noch zahlt er die Strafe des Schuldgefühls und lässt sich aus ihrem Paradies vertreiben. Aber heimlich weiß er, dass unter allen Geschöpfen nur er allein einen freien Willen hat.

Den kann er auf die Dauer nicht unterdrücken, doch am Ende des Mittelalters – als er sich seiner in wachsendem Maße bewusst wird und Anstalten macht, die drohende Natur in einem Maß zu beherrschen wie niemals zuvor – bricht auch die Angst wieder auf. Längst hat man in Rom die Regeln der Kirche gelockert, längst gilt dort eine neue Weltlichkeit, aber gerade jetzt ruft Martin Luther die Gläubigen zur Ordnung. Die Seele, so heißt es in seiner Schrift *Von der Freiheit eines Christenmenschen*, habe »kein ander Ding, weder im Himmel noch auf Erden, darinnen sie lebe, fromm, frei und Christ sei, denn das heilige Evangelium, das Wort Gottes, von Christo gepredigt [...] Wo sie aber das Wort hat, bedarf sie auch keines andern Dinges mehr, sondern sie hat in dem Wort genug Speise, Freude, Friede, Licht, Kunst, Gerechtigkeit, Wahrheit, Weisheit, Freiheit und alles Gut überschwenglich.«

Die Freiheit droht zur Signatur der neuen Zeit zu werden, und Luther trifft seine Vorkehrungen. Er bietet das Gotteswort gegen sie auf und mit ihm eine Flut von Segnungen, um sie sorgsam einzuhegen.

Für den Theologen musste die Rede vom freien Willen immer apologetisch sein, und in der Neuzeit, als dieser Wille nicht mehr abzuweisen war, hatte das Folgen. Die moderne Literatur ist von Schuldgefühlen geprägt, und symptomatisch dafür ist unser Begriff von der Natur. Alles »Natürliche« gilt uns als positiv, alles »Unnatürliche« als negativ – die Welt jedoch, die seit der Reformation im Entstehen war und im 19. Jahrhundert ihre moderne Gestalt anzunehmen begann, war unnatürlich. Mit neuen Hilfsmitteln wie Teleskop und chemischem Labor deckte sie bisher Unsichtbares auf, neben dem Triumphgefühl aber schuf sie auch ein Unbehagen in der Kultur. So wird Freud es später nennen, und einer der Gründe dafür soll hier ein Stück weit verfolgt werden.

Die christliche Ordnung des Mittelalters war mehr als ein System von Dogmen, sie verstand sich zugleich als das allein gültige Erklärungsmodell eines sehr begrenzten Universums. In den Händen des Klerus lag das Erziehungsmonopol, und ständig suchten Scholastiker die Sätze des Glaubens mit der empirischen Wirklichkeit zu harmonisieren. Das wurde immer schwieriger; als Kopernikus das biblische Firmament aufbrach, um die Erde um die Sonne kreisen zu lassen, war die Autorität des Schöpfungsberichtes endgültig erschüttert.

Nicht zufällig begann die Zeit der großen naturwissenschaftlichen Entdeckungen mit der Reformation und dem Ende der christlichen Einheit Europas. Die Herrschaft dieser Religion musste erst gebrochen sein, bevor ihre als Sündenfall tabuisierte Erkenntnisgrenze überschritten werden durfte. Was dabei Ursache und was Wirkung war, wird vermutlich niemals ganz zu klären sein, hier aber sei ein merkwürdiger Aspekt der Wissenschaftsgeschichte hervorgehoben.

Es war Thomas S. Kuhn, der in seinem Essay *The Structure of Scientific Revolutions* auf ihn aufmerksam gemacht hat: Die Naturwissenschaften verschweigen ihre Vergangenheit. Ihre Lehrbücher geben nur den jeweils aktuellen Stand an, auf dem sie sich befinden, ihr gerade gültiges Paradigma, wie es bei Kuhn heißt; sie teilen indessen nicht mit, wie dieser Stand erreicht wurde. Einst hatte es andere Auffassungen gegeben, mit denen man sich den in den Lehrbüchern erörterten Fragen näherte, doch sie bleiben außerhalb des Horizontes, in dem der Wissenschaftler ausgebildet wird. Die jeweils gültige Lehre gibt ihre Vorgeschichte nicht preis, und diese Verschwiegenheit, so Kuhn, haben die Naturwissenschaften mit der Theologie gemein.

Die Ähnlichkeit ist auffallend, aber sie darf uns nicht dazu verleiten, für solches Ausblenden eines früheren

Zustandes auch identische Gründe anzunehmen. Die Theologie glaubt sich im Besitz der Wahrheit, die sie im Kampf gegen Andersgläubige gewonnen hat – gegen die Juden des Alten Testamentes zum Beispiel, die die Wahrheit des Neuen Testamentes nicht annehmen; gegen die Heiden, die Gott noch nicht erkannt haben; oder gegen ihre Widersacher innerhalb der eigenen Religion, die sie als Ketzer verdammt. Mit dem Ausblenden der Vergangenheit setzt sie das Zeichen ihres Sieges: Im Kampf um die *eine* Wahrheit, die es zu behaupten gilt, schlägt sie ihre Konkurrenten aus dem Feld.

Die Naturwissenschaften kennen diese *eine* Wahrheit nicht. Im Gegenteil: Ständig stehen ihre Forscher vor den noch ungelösten Fragen des herrschenden Paradigmas und jener pragmatischen, durch langjährige Übung verinnerlichten und keineswegs immer bewusst formulierten Prämissen, mit denen sie an die Arbeit gehen. Früher oder später gelangen sie dabei an die Grenzen des Paradigmas, an den Punkt, wo es nicht mehr fähig ist, entscheidende Aufgaben zu bewältigen, und dann tritt der Paradigmenwechsel ein, die von Kuhn beschriebene Revolution, ohne die es in den Naturwissenschaften keinen Fortschritt geben kann. Deren Lehrbücher sind kanonische Texte auf Abruf, gültig nur in den Grenzen einer vorgegebenen Perspektive, und der jeweils aktuelle Stand der Naturwissenschaften gewinnt seine Form nach der Alternative der elektronischen Datenverarbeitung: speichern oder löschen. Was auf dem im Paradigma vorgezeichneten Weg weiterführt, wird aufbewahrt, Irrelevantes wird dem Vergessen überantwortet.

Das Erbe der Allmacht war nur um den Preis des Verstummens zu haben. Die Naturwissenschaft kennt weder das Narrativ ihrer Geschichte noch ein teleologisches Ziel, das zu erreichen sei; zu lange waren Vergangenheit und Zukunft durch das Gotteswort besetzt, und der Usurpator der Schöpfung hat ihm keinen anderen Text entgegenzusetzen. Schon in der Bibel hatte er sich zum Herren der Schöpfung ernannt, aber als es in der Neuzeit dann so weit war, wurde ihm seine selbstgeschaffene Welt schrittweise fremd. Satelliten und Computer, Biotechnik und Atomreaktor mögen seinen Alltag bestimmen, aber das alles geht eigentümlich an ihm vorbei. Das Paradigma der Forscher bleibt dem Laien unverständlich, und unter der Wissenschaft verflüchtigt sich die Natur.

Der Mensch trat an die Stelle Gottes und musste auf die Teleologie verzichten. Es fiel ihm freilich schwer, diesen hohen Preis zu zahlen – im Fortschrittsgedanken klang der Traum eines letzten Zieles lange nach. Sein Gleichnis, in einem zweifachen Sinn, ist das Paradies: Es ist der gleiche Gottesgarten, aus dem er einst vertrieben wurde; und es ist der Garten, in dem alles gleich bleibt – eine statische Ordnung, die erst durch den Sündenfall zerstört wurde. Noch zwei Jahrhunderte nach der Reformation glaubte die Aufklärung, über die Ratio, unsere von Gott gegebene Vernunft, einen glücklichen Zustand erreichen zu können, der eschatologische Züge trug. Aber diese Züge waren bereits prekär; bei Gotthold Ephraim Lessing, dem bedeutendsten Autor der Epoche, lässt es sich nachlesen.

Wenige Jahre vor der Französischen Revolution schreibt er den *Nathan* und seine Ringparabel. Die Geschichte hat er nicht erfunden, in ihrer traditionellen Gleichnisform wird sie um 1300 schon in den *Gesta Romanorum* erzählt, einer Exempelsammlung, die die drei monotheistischen Religionen in durchsichtiger Allegorie nebeneinanderstellt. Der sterbende Ritter, der seinen drei Söhnen dort die Ringe hinterlässt, steht für Jesus Christus, und nur einer der vererbten Ringe – natürlich der christliche – kann Wunder tun.

Berühmter ist die Form, die Boccaccio ihr ein halbes Jahrhundert später im *Decamerone* gegeben hat. Auf der Flucht vor der Pest, die 1349 in Florenz wütet, treffen sich zehn junge Leute außerhalb der Stadt; sie erzählen sich Geschichten, um die Zeit und die Angst zu vertreiben, und es verwundert nicht, dass Boccaccio angesichts des Schwarzen Todes im Universalienstreit auf der Seite der Nominalisten steht. Sultan Saladin stellt dem Juden Melchisedech die Fangfrage nach der wahren Religion, aber der kluge Mann geht ihm nicht in die Falle – in der Parabel von dem wunderbaren Ring und seinen täuschenden Nachahmungen gibt er keinem der Exemplare mehr einen Vorzug. Der sterbende Vater kann sich für keinen seiner Söhne entscheiden, und auch die Ringe, die er ihnen vermacht, sind gleichwertig. Auf die obsolete Frage nach dem *universale ante rem* antwortet Melchisedech mit der Option für die Dinge der konkreten Wirklichkeit, er lässt sich ihr Existenzrecht von keinem ideellen Vor-Bild beschneiden. Was Boccaccio schon zur Zeit der Spätscholastik erzählt, bringt Lessing 1779 noch einmal als Text der Aufklärung zur Sprache. Der Jude Melchisedech wird zum weisen Nathan, die lebenskluge Abwandlung einer Überlieferung wird zum universalen Lehrstück, an dem nicht nur der Toleranzgedanke zu studieren ist, sondern auch der Preis, um den ein altes Gleichnis aufgegeben werden musste.

Lessing arbeitete nicht zum ersten Mal in einer traditionsreichen Gattung. Schon zwanzig Jahre zuvor hatte er sich bei Äsop den Stoff seiner Fabeln geliehen und zugleich aus diesem Muster gelöst. Wegen ihrer »allgemein bekannten und unveränderlichen Charaktere« seien die Tiere für solche moralischen Erzählungen geeignet, sagt er dazu in seinen *Abhandlungen über die Fabel,* hält sich dann aber kaum an diese Regel. Stattdessen versetzt er die bisher statisch abgebildeten Tiere in eine unerwartete Dynamik und stellt sie in anderen Konstellationen auf – Versuchsanordnungen einer neuen, keineswegs mehr unveränderlichen Welt, wie die Antike sie nicht kannte.

Als er die Ringparabel schreibt, ist er im Aufbrechen alter Traditionen bereits geübt. Bei Boccaccio war Melchisedek noch der mittelalterliche Wucherjude, der in Shakespeares Shylock später seine klassische Gestalt erhalten hat, doch bei Lessing ist davon keine Spur mehr. Er kämpft gegen die protestantische Orthodoxie und ihre verkrusteten Anschauungen, der edle Jude ist ihm eine Waffe in der theologischen Polemik. Mit den Argumenten der Bibelkritik ist er längst vertraut, und anders als seine Gegner kann er den heiligen Text hinterfragen, kann im Zeichen der Aufklärung auch die didaktische Funktion des Gleichnisses revidieren.

Aller Fortschritt, so weiß er, hängt davon ab, dass kein Gleichnis mehr gilt, kein zeitloses Muster, nach dem sich die Fragen der Zukunft lösen lassen wie einst die Fragen der Vergangenheit. Die Naturwissenschaften treten den Siegeszug an, und es geht nicht mehr um Gleiches, sondern um Ungleiches, um Anderes, um Veränderung. Wo dies geschehen soll, muss der Mensch an Gottes Stelle treten, und mit Erscheinen des Künstlers, der die beiden anderen Ringe herstellt, sind die Würfel gefallen. Zunächst von Gott geschaffen, wird der Ring nun vom Menschen nachgebildet, vom Homo faber, der am Ausgang des 18. Jahrhunderts schon Anstalten macht, mit der industriellen Revolution eine völlig neue Welt zu errichten.

Es sind Menschen, denen Lessing jetzt die Erlösung zur Pflicht macht. »Wohl-an!«, sagt der Richter zu den Söhnen, als sie die Echtheit ihres Erbes einklagen. »Es strebe von euch jeder um die Wette, / Die Kraft des Steins in seinem Ring an Tag / Zu legen! komme dieser Kraft mit Sanftmut, / Mit herzlicher Verträglichkeit, mit Wohltun, / Mit innigster Ergebenheit in Gott / Zu Hülf! Und wenn sich dann der Steine Kräfte / Bei euern Kindes-Kindeskindern äußern, / So lad ich über tausend tausend Jahre / Sie wiederum vor diesen Stuhl. Da wird / Ein weisrer Mann auf diesem Stuhle sitzen / Als ich und sprechen. Geht!«

Noch gilt bei Lessing die Teleologie, noch kann der Pfarrersohn diesen Grundpfeiler seiner Herkunft nicht aufgeben. Doch sein Jüngstes Gericht ist zweideutig geworden. In der überlieferten Erzählung handelt es sich um die Echtheit des Ringes; mit dem Rat aber, den Lessing seinem Richter in den Mund legt, hat sich die Frage geändert. Jetzt geht es nicht mehr um die Ringe, sondern um die Söhne; nicht mehr um die Wunderkraft der Steine, sondern um die Handlungen der Menschen, die diese Steine an den Fingern tragen: Nicht ein Ring, sondern die Taten der Söhne werden am Ende der Tage geprüft, und die Ringe, in Wahrheit, sind überflüssig geworden, gleich-gültig in mehr als einem Sinne. Der bessere Sohn wird seinen Ring legitimieren, ob er nun von Gott stammt oder aus der Werkstatt eines Künstlers.

Der Sultan hatte hören wollen, welche Religion die wahre ist, und zunächst war Nathan bestürzt. »Was will der Sultan? was?« fragt er in einem Monolog, bevor er von den Ringen erzählt. »Ich bin / Auf Geld gefaßt; und er will – Wahrheit. Wahrheit! / Und will sie so, – so bar, so blank, – als ob / Die Wahrheit Münze wäre!« Es gehört zu den ironischen Implikationen der Aufklärung, dass Nathans Antwort dann eine fatale Ähnlichkeit mit der Logik der Geldwirtschaft annimmt. Die Ringe sind ungleich, an die Stelle des »echten« Steines und seiner göttlichen Wunderkraft aber tritt das menschliche Leistungsprinzip, wird ihm zur Deckung und macht die Ringe damit austauschbar, stellt wie das Geld die Äquivalenz von Ungleichem her. Lessings Parabel nimmt die Zukunft voraus – mit der industriellen Revolution wird das kapitalistische System bald alles käuflich machen, und das Geld, Tertium Comparationis aller modernen Gleichnisse, wird seine Leere enthüllen. *Time is money*, Zeit ist Geld, beide aber sind abstrakt und lassen sich nur an einem erst künstlich zu schaffenden Inhalt messen. Der Mensch in seiner Allmacht setzt sie gleich und macht sie so zur Hohlform einer Beliebigkeit.

Seit der Reformation tritt die Bibel in die Phase ihrer Säkularisierung, und es ist kein Zufall, dass das Gleichnis vom verlorenen Sohn zu den häufigsten Motiven gehört, die der neue Geist sich anverwandelt. Die Metapher »Familie« bildet eine Grundstruktur des heiligen Textes, und Gott tritt als ihr »Vater« auf. Das ist nicht nur in der patriarchalischen Gesellschaftsordnung begründet, der die Bibel ihre Entstehung verdankt, es erwächst auch aus dem Gedanken, dass der Mensch das Ebenbild Gottes sei: Am besten ließ dieser sich ins Bild des »Sohnes« fassen, und in Jesus gewann er seine konkrete Gestalt.

Die Güte des Vaters, der den schon verloren geglaubten Sohn wieder aufnimmt, ist die ursprüngliche Botschaft des bei Lukas in Kapitel 15,11–32 erzählten Gleichnisses; Autoren der Neuzeit haben sich in zahlreichen Varianten mit ihr befasst. Auf den ersten Blick scheint Lessings Ringparabel mit dem Gleichnis kaum etwas gemein zu haben, sie zeigt aber an, wie sich am Vorabend der Moderne das Verhältnis der Generationen zu verschieben beginnt. Indem der Vater die Ringe vervielfältigt, gibt er die Tradition seines Hauses auf, und als der Richter zu den verwaisten Söhnen spricht, ist das Schicksal des Hauses besiegelt. Er stellt ihnen Heimkehr nicht mehr in Aussicht, er schickt sie in die Welt hinaus, um diese zu verändern.

Nicht nur für die Aufklärung, sondern auch für die Geschichte des deutschen Judentums ist *Nathan der Weise* von zentraler Bedeutung. Seine Entstehung verdankt das »dramatische Gedicht« neben der theologischen Polemik, die hier auszutragen war, auch der Freundschaft, die Lessing mit Moses Mendelssohn verband. Ihre ersten jüdischen Verehrer fanden Werk und Autor in der schmalen Oberschicht, die sich am Ende des Jahrhunderts der deutschen Kultur zuwandte. Seither begleitet das Drama alle Phasen einer schwierigen Akkulturation: Gabriel Riesser, bürgerlicher Liberaler in der Frankfurter Nationalversammlung von 1848, berief sich darauf; im Antisemitismusstreit der Gründerjahre wurde es zum Schibboleth der Parteien; um die Wende zum 20. Jahrhundert distanzierten sich die Zionisten von seinem weltbürgerlichen Ideal; unter Hitler wurde es zur Waffe der Ausgrenzung, als es nur noch auf den Bühnen des Jüdischen Kulturbundes gezeigt werden durfte; im Sommer 1945 eröffnete es wieder die Spielpläne vieler deutscher Theater; und 1991, als Lessings Zukunftsvision schon zur unbewältigten Vergangenheit geworden war, brachte George Tabori *Nathans Tod* zur Aufführung, eine radikale Umkehrung der in der Ringparabel verschlüsselten Eschatologie.

In seinem Theater nach Auschwitz rief Tabori den Aufklärer zum Zeugen auf und widerlegte die frohe Botschaft, die Lessings meist jüdische Exegeten in sein Drama hineingelesen hatten. Die Argumente hierfür fand er nicht erst in den zwei Jahrhunderten, die seither vergangen waren, sondern schon bei Lessing selbst, und das verwundert nicht. In der Ringparabel trat der Mensch an die Stelle Gottes und hob damit die Verheißung auf, die dem nun verlorenen Gleichnis einst eingeschrieben war. Der Verlust ist universal, die Werke der modernen Literatur gestalten ihn in vielen Sprachen; für die deutschen Juden jedoch, die in der Ringparabel lange ihre Magna Charta zu sehen wünschten, hatte er seine eigene Bedeutung.

Der weise Jude selbst hatte das Gleichnis außer Kraft gesetzt, als er dem Vater die traditionelle Wahl zwischen den Söhnen erließ. So hat es ein deutscher Pfarrersohn geschrieben – aus *jüdischer* Sicht aber erfüllte sich der Gottesbund, ohne den das Judentum seine metaphysische Existenzberechtigung verlor, gerade im Konzept der Erwählung. Der von Nathan propagierte Toleranzgedanke erweist sich als zweischneidig – das Ende des Dramas fasst es ins Bild. Dort vereinigen sich der Sultan und seine Schwester mit dem Neffen und der Nichte zu einer großen Familie, doch Nathan bleibt außerhalb dieses Kreises, steht angesichts der Lösung, die er selbst herbeigeführt hat, kinderlos und ohne Zukunft auf der Bühne.

Im Jerusalem des deutschen Dichters ist er nicht nur der einzige Jude, er ist auch der letzte. Lessing lässt ihn erzählen, was die Aufklärer hören wollten. Nicht mehr als Juden, sondern nur noch als Menschen sollten

Nathans Glaubensbrüder in die moderne Gesellschaft integriert werden, denn seine historische Rolle hatte das Judentum sowohl in der christlichen als auch in der säkularisierten Welt ausgespielt. Die Parabel, die Lessing dem jüdischen Weisen in den Mund legte, waren die Worte eines ehrenhaften Abschieds: Das ist der Ausgangspunkt, an dem die Juden in die deutsche Literatur eintreten. – In den folgenden Kapiteln soll gezeigt werden, wie sie in ihren Werken mit diesem Verlust der Gleichnisse umgegangen sind.

Heinrich Heine, in der Enkelgeneration Moses Mendelssohns geboren, trat ein schwieriges Erbe an. Nach der Aufklärung lösten Sturm und Drang, Klassik, Früh- und Spätromantik einander in rascher Folge ab, und dieser Wechsel der gegensätzlichsten Stile und Schulen fand unter den Bedingungen eines Krieges ohne Ende statt, der seit der Französischen Revolution die europäische Ordnung zerriss. Von einem friedlichen Übergang der Generationen in eine bessere Zukunft, wie Lessings Ringparabel sie noch in Aussicht stellte, konnte keine Rede mehr sein, ein Restbestand alter Verheißungen aber war der Fortschrittsglaube, der fast das gesamte 19. Jahrhundert beherrschte.

Freilich hing dieser Glaube von den Erfolgen der industriellen Revolution ab, von den Künsten des Homo faber also, die schon das Versprechen der Ringparabel infrage gestellt hatten. Es war eine paradoxe Situation, die der Spätaufklärer Lessing noch nicht voll ermessen konnte. Heine aber – dem getauften Juden, dem Augenzeugen dieser Revolution und ihres Preises – tritt sie deutlich entgegen. Er lässt die verschiedenen Erlösungsangebote Revue passieren, ohne ihnen Vertrauen zu schenken und betrachtet sie nur mehr mit ironischer Skepsis.

Dennoch konnte er das Ende seines Lebens noch als eine prekäre Rückkehr zu seinen jüdischen Wurzeln imaginieren und sich im Bild des verlorenen Sohnes erkennen. Für Franz Kafka war das nicht mehr möglich. Auch er spielt mit den Elementen des biblischen Gleichnisses, aber wie sein Zeitgenosse Sigmund Freud setzt er sie in völlig verschiedenen Variationen zusammen, kann ihnen keine Verheißung mehr abgewinnen. Sein Werk entsteht im Jahrzehnt des Ersten Weltkriegs, und ohne es zu wissen, gehört er schon zur letzten Generation des deutschen Judentums. Was Heines Ironie noch in der Schwebe hielt, wird bei Kafka zum schwarzen Humor der Verzweiflung.

Kaum zwanzig Jahre nach dessen Tod verändert sich die Welt ein weiteres Mal, und nun bis zur Unkenntlichkeit. Die Traditionen, auf denen die deutsche Kultur beruht, werden zerstört, die überlebenden Juden dieses Kulturraums verlieren ihre Heimat, auch ihre Sprache gibt es nicht mehr. Als Paul Celan gegen Ende der vierziger Jahre seine Gedichte zu veröffentlichen beginnt, vollzieht er scheinbar noch einmal, was lange vor ihm auch Heine getan hatte: Er verlässt den deutschen Sprachraum und geht nach Frankreich. Aber zwischen den beiden Dichtern liegt unüberbrückbar der Abgrund, in dem eine Welt untergegangen ist, und mit ihr alle ihre Gleichnisse.

Ein besseres Lied
Heinrich Heine

Heine ist der erste Jude, der in der deutschen Literatur eine unauslöschliche Spur hinterlassen hat. Die neue Zeit, in der er schrieb, brachte Konstellationen mit sich, die im deutschen Sprachraum des ausgehenden 18. Jahrhunderts noch undenkbar gewesen wären. Zu ihren Voraussetzungen gehörte die Französische Revolution, die in eine Krise geraten und unter Napoleon in ihre letzte Phase eingetreten war. Heines Kindheit und Jugend wurden von der Anwesenheit der französischen Eroberer geprägt, die schon 1795 in seine Geburtsstadt gekommen waren und sie nach Napoleons Sturz wieder verließen. 1815 wurde Düsseldorf preußisch, und in den ersten zwei Jahrzehnten seines Lebens bot die Stadt ihm das Schauspiel eines politischen Wandels, der in der raschen Folge der Regierungsformen bereits die tiefen Veränderungen einer noch unsichtbaren Zukunft vorwegzunehmen schien.

Schon bald darauf beschrieb er den Ort seiner Herkunft als Teil einer untergegangenen Welt. 1827, kaum dreißigjährig, veröffentlichte er den zweiten Band seiner *Reisebilder*, der auch *Ideen. Das Buch Le Grand* enthielt. Genannt ist es nach der fiktiven Figur eines französischen Tambourmajors, der, einquartiert im Haus seiner Eltern, der große Lehrer seiner Kindheit war. »Monsieur Le Grand wußte nur wenig gebrochenes Deutsch, nur die Hauptausdrücke – Brot, Kuß, Ehre – doch konnte er sich auf der Trommel sehr gut verständlich machen, zum Beispiel wenn ich nicht wußte, was das Wort ›liberté‹ bedeute, so trommelte er den Marseiller Marsch – und ich verstand ihn.« Es sind die Ideen von 1789, die dem Buch den Titel geben. In Le Grands Worten sind sie kodiert, und mit der *»liberté«* evozieren sie noch einmal die prekäre Freiheit der Neuzeit, die, schon fast erkämpft, in den Jahren der Restauration wieder verloren war.

Heine spricht das deutsche Wort nicht aus, er lässt es auf Französisch stehen, als sei es in seiner Muttersprache unbekannt. Seine Erinnerungen sind ein Requiem, Le Grand ist bereits gestorben, aber wir werden noch einmal Zeuge seines Todes. Französische Truppen, unter ihnen auch Le Grand, ziehen wieder durch die inzwischen preußische Stadt, sie kommen soeben aus der russischen Gefangenschaft und kehren in die Heimat zurück. »Wahrlich, der arme französische Tambour schien halb verwest aus dem Grabe gestiegen zu sein, es war nur ein kleiner Schatten in einer schmutzig zerfetzten grauen Capotte, ein verstorben gelbes Gesicht.« Ein Toter ist auferstanden, um zum zweiten Mal zu sterben, und die Szene erinnert an ein Gedicht, das Heine einige Jahre zuvor geschrieben hatte. Auch dort kommen zwei französische Soldaten aus der russischen Gefangenschaft, der eine will nach Napoleons Niederlage nur nach Hause, der andere erwartet seinen Kaiser noch über den Tod hinaus:

> Dann reitet mein Kaiser wohl über mein Grab,
> Viel Schwerter klirren und blitzen;
> Dann steig ich gewaffnet hervor aus dem Grab –
> Den Kaiser, den Kaiser zu schützen.

Es ist die berühmte Schlussstrophe der »Grenadiere«, und Heine ist bereits ironisch. Er gestaltet ein Jüngstes Gericht, der Soldat steht von den Toten auf – der Messias aber, wie schon bei Lessing zum Menschen geworden, bedarf des Schutzes. Einige Jahre später wird dann explizit, was hier nur angedeutet ist. Als Le Grand aus dem Grab steigt, ist der Kaiser längst tot, der Tambour nur noch ein »kleiner Schatten«, und seine Trommel, mit der er einst die Freiheit verkündet hat, steht zur Disposition. Mit einem flehenden Blick reicht er sie an den Dichter weiter: »Monsieur Le Grand«, so heißt es,

> hat in diesem Leben nie mehr getrommelt. Auch seine Trommel hat nie mehr einen Ton von sich gegeben, sie sollte keinem Feinde der Freiheit zu einem servilen Zapfenstreich dienen, ich hatte den letzten, flehenden Blick Le Grands sehr gut verstanden, und zog sogleich den Degen aus meinem Stock und zerstach die Trommel.

Der Soldat, der sich schützend vor seinen Messias stellen wollte, ist gestorben, und auch sein Lied von der Freiheit erklingt nicht mehr. Der Dichter, der es hätte singen sollen, ist zum Vollstrecker seiner Verzweiflung geworden.

Nicht immer klingt Heinrich Heine so resigniert. Es gibt zahllose Stellen in seinem Werk, die von großer Hoffnung und dem emphatischen Wunsch nach einer besseren Zukunft getragen sind. Aber auch die Zerstörung der Trommel hat ihren Ort in dieser Dichtung, und im Frühwerk lässt er sich deutlich markieren.

1819 hatte Heine das Jurastudium aufgenommen, zuerst an der Universität in Bonn und dann in Göttingen. Wenige Jahre zuvor hätte er damit noch eine Karriere im Staatsdienst machen können, doch die Zeiten hatten sich geändert. Im Dezember 1820 wurde er aus der Göttinger Burschenschaft ausgeschlossen und im Januar 1821 erfolgte das Consilium Abeundi, das ihn zeitweise von der Universität entfernte. Die nächsten beiden Jahre verbrachte er in Berlin.

Ob er Göttingen verlassen musste, weil er Jude war, ist nicht mehr zu klären, die Restauration nach dem Wiener Kongress aber hat den Weg des angehenden Dichters entscheidend beeinflusst. In Preußen und anderen Ländern des Deutschen Bundes wurden den Juden bereits zugestandene Rechte wieder zurückgenommen, und 1819 kam mit der Hep-Hep-Bewegung eine neue, bisher unbekannte Form des Judenhasses auf. Die Ausschreitungen, religiös und sozial bedingt, waren der Reflex frühkapitalistischer Spannungen in einer konservativen Gesellschaft; in Berlin führten sie zur Gründung des Vereins für Cultur und Wissenschaft der Juden. Unter dem Einfluss Hegels versuchte man dort, das Leben des Judentums dem neuen Zeitgeist anzupassen. Heine trat dem Verein bei, und mit seinem Romanfragment *Der Rabbi von Bacherach* wollte auch er einen Beitrag zur jüdischen Selbstbestimmung leisten.

Die Juden, so das erklärte Ziel des Vereins, sollten sich aus ihren alten Lebensformen lösen und Anschluss an die Gegenwart gewinnen. Heines Roman liest sich zunächst wie eine epische Umsetzung dieses Programms: Der Rabbi und seine Frau fliehen in der Nacht des Pessachfestes vor einem Pogrom über den Rhein; ihr Weg führt sie aus dem mittelalterlichen Bacherach in die Handelsstadt Frankfurt am Main; ihre Flucht findet im Jahr 1486 statt, an der Grenze zur Neuzeit. Auf den ersten Blick scheint der Auszug aus Ägypten hier in die Welt des deutschen Judentums übertragen worden zu sein, bald aber erweist sich, dass die alte Heilsgeschichte unter den Bedingungen der Moderne nicht mehr erzählbar ist.

Heines Roman macht deutlich, warum die Pessachfeier, das jüdische Gleichnis der Befreiung, in einer christlichen Umwelt keine frohe Botschaft mehr verschlüsseln kann. Am Festabend bringen zwei Fremde ein totes Kind ins Haus des Rabbi, um die Juden anzuklagen, dass sie »geweihte Hostien stählen, die sie mit Messern durchstächen bis das Blut herausfließe, und dass sie an ihrem Paschafeste Christenkinder schlachteten, um das Blut derselben bei ihrem nächtlichen Gottesdienste zu gebrauchen«. Es ist der Vorwurf des Ritualmordes, der in der europäischen Geschichte des Judentums immer wieder auftaucht und auch literarisch oft Gestaltung fand. Die angeblich ermordeten Kinder wurden heilig gesprochen, und Heine berichtet von einem dieser Fälle:

> Sankt Werner ist ein solcher Heiliger, und ihm zu Ehren ward zu Oberwesel jene prächtige Abtei gestiftet, die jetzt am Rhein eine der schönsten Ruinen bildet, und [...] uns so sehr entzückt, wenn wir an einem heitergrünen Sommertage vorbeifahren und ihren Ursprung nicht kennen. Zu Ehren dieses Heiligen wurden am Rhein [...] unzählige Juden getötet und mißhandelt. Dies geschah im Jahr 1287, und auch zu Bacherach, wo eine von diesen Sankt-Wernerskirchen gebaut wurde, erging damals über die Juden viel Drangsal und Elend.

Die Beschreibung macht die zyklische Wiederkehr der Ritualmordanklage sichtbar. 1287 wurde die Abtei zu Oberwesel gebaut; 1486 – in dem besagten Jahr, das Heine für die Handlung des Rabbi von Bacherach gewählt hat – wird die Anklage erneut erhoben; und noch im 19. Jahrhundert, als der Erzähler »an einem heitergrünen Sommertage« über den Rhein fährt, bleibt hinter den schönen Ruinen der deutschen Romantik eine Drohung spürbar. Der Text entstand im Deutschland der Heiligen Allianz, Metternich hatte noch einmal das System der Dynastien durchgesetzt, die Herrschaft von Gottes Gnaden, und auch er, wie die mittelalterlichen Erfinder des Ritualmordes, brauchte für seine Politik eine christliche Fassade.

Immer wieder greift Heine in seinem Werk diese Scheinheiligkeit an, aber zugleich unterwirft er sich ihr. Im Juni 1825, drei Wochen vor Abschluss seines Jurastudiums, lässt er sich protestantisch taufen – den Schritt wird er ein Leben lang bereuen. Die Taufe hat ihm weder zu einer Beamtenlaufbahn noch zu einer Universitätskarriere verholfen, im Vormärz hat sie ihn stattdessen zu einem der schärfsten Kritiker des Christentums gemacht. Schon *Der Rabbi von Bacherach* lässt den Ursprung dieser Aversion erkennen, und im Folgenden soll uns die Anklage des Ritualmordes als eine christliche Phantasmagorie interessieren, die das Heilsgeschehen der Pessachfeier unterläuft.

Die Juden, so lautet die Anklage, verwenden das Blut der Hostie und des Christenkindes, um ihre *Mazzot* zu backen, das ungesäuerte Brot des Auszuges aus Ägypten. Gleichnis steht gegen Gleichnis: Wie die Hostie repräsentiert auch das getaufte Kind den Leib des Erlösers, beide aber fallen hier dem Brot der Juden zum Opfer – in seiner zyklischen Wiederkehr symbolisiert dieser Vorgang das Urverbrechen der Kreuzigung.

Die Gegenläufigkeit der Mythen hat tiefe Wurzeln. Sie führen weit in die Geschichte des religiösen Konfliktes zurück, der im ersten Jahrhundert der christlichen Zeitrechnung aufbrach, und sie erinnern daran, dass das pharisäische Judentum und das paulinische Christentum aus dem gleichen Trauma entstanden sind – aus der Erschütterung einer Tradition, die mit der Zerstörung des Zweiten Tempels ihr zentrales Heiligtum verloren hat.

Fortan konnte ein schuldbewusstes Volk seinem Gott keine Sühneopfer mehr bringen, und die frühen Christen halfen sich in dieser Not, indem sie die Kreuzigung als das ultimative Opfer gestalteten, als das Gleichnis des

Opfers schlechthin. Dieser neuen Auslegung des Heilsgeschehens war freilich schon die Erlösung eingeschrieben, und das orthodoxe Judentum schloss den Kanon des Alten Testamentes, um sich vor einem eschatologischen Anspruch zu schützen, den es nicht akzeptieren konnte. Seine noch unerfüllten Hoffnungen auf den Messias mussten neu formuliert werden, und in diesem Rahmen gewann auch die Pessach-Aggada ihre Form.

Gegen die Botschaft des Kreuzes stand die wahre Gottestat, der Auszug aus Ägypten, doch für die Juden war damit die Erlösung noch nicht eingetreten. Der Antagonismus, den die im christlichen Mittelalter erfundene Anklage des zu Pessach verübten Ritualmordes emporholte, war fundamental – kein gutgemeinter Toleranzgedanke konnte ihn aus der Welt schaffen. Im Gegenteil: Als Lessing seinem Nathan eine um ihre dogmatische Lösung verkürzte Ringparabel in den Mund legte, schuf er die Illusion eines metaphysisch neutralen Raumes, den es in Wirklichkeit nicht gab. Der Jude hatte ihn formuliert, er hatte sich ihm schutzlos ausgeliefert, aber die Toleranz ließ sich jederzeit wieder einschränken; nach dem Scheitern der Französischen Revolution war es schnell so weit.

Mit der Heiligen Allianz kehrte eine christliche Zensur zurück, die man zu Beginn des 19. Jahrhunderts schon überwunden glaubte. Die periodische Wiederholung einer uralten Anklage verfolgte nicht nur den Rabbi, der dem Mittelalter entfliehen wollte, sie verfolgte auch noch Heine selbst; die Flucht aus Bacherach musste sich als sinnlos erweisen. In der Welt, in der er »ein deutscher Dichter« sein wollte, hatte das jüdische Gleichnis von der Freiheit seine Gültigkeit verloren, der Rhein war nicht das Rote Meer, und bald nach seiner Taufe gab Heine den missglückten Roman auf. Er hatte den Rabbi die Flucht ergreifen lassen, denn er sollte nicht sterben wie seine Gemeinde. Damit aber stellte er das jüdische Heilsgeschehen auf den Kopf: Dem Auszug aus Ägypten folgt das Sinaiereignis, die Geburtsstunde des jüdischen Volkes; hier jedoch ist es umgekehrt – mit der Flucht des Rabbiners löst sich das Judentum auf.

Das hatte praktische und literarische Folgen zugleich. Der von Hegel inspirierte Culturverein war nur kurzlebig, sein Gründer Eduard Gans ließ sich wie Heine taufen; und berühmt wurde der Dichter nicht mit einem jüdischen Roman, sondern mit den *Reisebildern.* 1824, als das Fragment des *Rabbi* schon in der Schublade verschwunden war, begann er sie zu schreiben, auch das *Buch Le Grand* gehört zu ihnen. Dort wird er später die Trommel des Tambour »zerstechen« und eine andere Freiheit zu Grabe tragen.

Im ersten Stück der Sammlung, *Die Harzreise,* blickt Heine von der Höhe eines Berges in ein Tal hinunter. Romantische Gedanken überkommen ihn, doch dann erwacht er jäh aus ihnen. »Ich rate aber jedem, der auf der Spitze des Ilsensteins steht«, heißt es,

> weder an Kaiser und Reich, noch an die schöne Ilse, sondern bloß an seine Füße zu denken. Denn als ich dort stand, in Gedanken verloren, hörte ich plötzlich die unterirdische Musik des Zauberschlosses, und ich sah, wie sich die Berge ringsum auf die Köpfe stellten, und die roten Ziegeldächer zu Ilsenburg anfingen zu tanzen, und die grünen Bäume in der blauen Luft herum flogen, daß es mir blau und grün vor den Augen wurde, und ich sicher, vom Schwindel erfaßt, in den Abgrund gestürzt wäre, wenn ich mich nicht, in meiner Seelennot, ans eiserne Kreuz festgeklammert hätte.

Ironie ist das Kennzeichen des heineschen Werkes, sie hat den Dichter aus der Sackgasse des verlorenen Gleichnisses befreit. Im *Rabbi* kann er sie noch nicht entwickeln, weil der Roman aus einer jüdischen Klaustrophobie erwächst, der er nicht Herr wird; unter der Maske des Deutschen aber finden seine Ängste einen spöttischen Ausdruck. Der schöne Harz, so gibt er vor, habe ihn an »Kaiser und Reich« denken lassen, doch dann habe ihn der »Schwindel erfaßt«, gerettet habe ihn nur das »eiserne Kreuz« auf der Bergspitze. Die Ironie ist zweischneidig – noch das Wort »Schwindel« ist doppeldeutig –, sie richtet sich gegen die Reaktion und die politische Romantik, und zugleich gegen den Dichter selbst: Im Wanderer, der sich ans Kreuz klammert, verlacht er den Täufling, der sich den Regeln des Systems beugt.

Schließlich hat Heine das Fragment des *Rabbi* doch noch veröffentlicht. Die Umstände zeigen an, wie sehr sich bei ihm literarisches Werk und historische Wirklichkeit verschränken. »Die heutigen Pariser Blätter«, schreibt er am 7. Mai 1840 in der Augsburger Allgemeinen Zeitung, für die er die französische Politik analysiert,

> bringen einen Bericht [...] in bezug der Damaszener Juden, deren Martyrtum an die dunkelsten Zeiten des Mittelalters erinnert. Während wir in Europa die Märchen desselben als poetischen Stoff bearbeiten [...], fängt man an im Morgenlande sich sehr betrübsam des alten Aberglaubens zu erinnern [...]! Unterdessen foltert der Henker, und auf der Marterbank gesteht der Jude, daß er bei dem herannahenden Paschafeste etwas Christenblut brauchte zum Eintunken für seine trockenen Osterbröde, und daß er zu diesem Behufe einen alten Kapuziner abgeschlachtet habe!

In der sogenannten Damaskusaffäre des Jahres 1840 klagte man die Juden in Syrien ein weiteres Mal des Ritualmordes an, und der Fall war brisant, weil er vor dem Hintergrund des auseinanderbrechenden Osmanenreiches und der daraus resultierenden Orientkrise ausgetragen wurde. Der ägyptische Potentat Mohammed Ali plante seine Macht auf Syrien auszuweiten und suchte europäische Verbündete; die Franzosen unterstützten ihn und wollten dafür den Einfluss der Christen vergrößern.

Sie taten dies auf Kosten der Juden, und Heine durchschaute das alles. Er wusste, dass nicht nur der französische Konsul Graf Ratti-Menton seine Hand im Spiel hatte, sondern auch Premierminister Adolphe Thiers selbst. Er sei, schreibt er eine Woche später über ihn, »ein Mann von großer Einsicht und Humanität, aber er ist auch Staatsmann, [...] er muss transigieren, er braucht eine Majorität in der Pairskammer, er kann den Klerus als ein gouvernementales Mittel benützen, nämlich jenen Teil des Klerus, der, von der älteren Bourbonischen Linie nichts mehr erwartend, sich der jetzigen Regierung angeschlossen hat.«

Der Bericht klingt sachlich genug und verbirgt den Schock, der dazu führte, dass *Der Rabbi von Bacherach* noch im gleichen Jahr erschien. Ironie der Geschichte: Nach der Julirevolution war Heine nach Paris gegangen, um dem Druck der Heiligen Allianz zu entkommen, und ausgerechnet die Franzosen trieben jetzt das Verleumdungsspiel des Ritualmordes, das für ihn zum dunkelsten Mittelalter gehörte. Nicht zu Unrecht sieht die jüdische Geschichtsschreibung in der Damaskusaffäre ein Schwellenereignis, denn 1840 haben die Juden Europas erstmals eine effektive Verteidigungsstrategie gegen die verlogene Anklage entwickelt. Auf der weniger sichtbaren Binnenseite ihres diplomatischen Erfolges aber steht Heines spät veröffentlichtes Romanfragment und verdeutlicht, wie schlecht es schon ein halbes Jahrhundert vor dem Dreyfusprozess um das europäische Judentum bestellt war.

Die ersten Verse der »Loreley« sind die bekanntesten Zeilen, die Heine geschrieben hat:

Ich weiß nicht was soll es bedeuten,
Daß ich so traurig bin;
Ein Märchen aus alten Zeiten,
Das kommt mir nicht aus dem Sinn.

Wären sie weniger berühmt, könnte man sie für einen lyrischen Kommentar zum *Rabbi von Bacherach* halten. Leicht gegeneinander verschoben und in den Kontext des Romans eingetragen, ließen sie sich etwa so lesen: Am Abend der Pessachfeier stellt das jüngste Kind des Hauses die liturgischen Fragen nach der Bedeutung des Festes, es ist das Gleichnis vom Auszug aus Ägypten und verlangt nach einer Erklärung. Doch der Dichter kann keine Antwort geben. Das »Märchen aus alten Zeiten«, einst Gottes Wort, kommt ihm nicht aus dem Sinn, nur weiß er nicht mehr, was es bedeutet, und das erfüllt ihn mit Trauer.

Im Gedicht steht es natürlich anders, aber der Unterschied ist nicht so groß, wie es zunächst scheinen mag. Als Heine die Verse schrieb, vermutlich Ende 1823, war er schon mit dem *Rabbi* beschäftigt, und wie der Roman spielt auch die »Loreley« an den Ufern des Rheins. Was ihm nicht aus dem Sinn kommt, ist zwar nicht eine Anklage des Ritualmordes, doch es ist, wie der Verlauf des Gedichtes zeigt, nicht weniger tödlich als die Verleumdung von Bacherach, die ja auch ein »Märchen aus alten Zeiten« ist.

Der Vergleich zwischen Heines eher verstecktem Romanfragment und seinem berühmtesten Gedicht ist aufschlussreich. Er zeigt, wie sehr die jüdischen und deutschen Elemente seines Werkes miteinander verknüpft sind. Sowohl *Der Rabbi von Bacherach* als auch die »Loreley« inszenieren eine Rheinfahrt und kehren eine Heilsbotschaft um. Im *Rabbi* wird der Auszug aus Ägypten destruiert, das zentrale Ereignis des Alten

Testamentes, in der »Loreley« ist es die Jungfrau des Neuen Testamentes. Sie hat sich entscheidend verändert:

Die schönste Jungfrau sitzet
Dort oben wunderbar;
Ihr goldnes Geschmeide blitzet,
Sie kämmt ihr goldenes Haar.

Die Schönheit, von der hier als Erstes die Rede ist, unterscheidet sie von der Madonna des Christentums. Auch Maria ist nicht unansehnlich, aber ihre himmlische Funktion kann sie nur erfüllen, wenn alle Erotik neutralisiert ist. Marias Schönheit ist nicht äußerlich, und im Zeichen der Gottesmutter bleibt ihr Liebreiz versiegelt. Bei der Loreley scheint es anders zu sein – geschmückt stellt sie ihre Reize zur Schau, durch das Kämmen ihres Haars unterstreicht sie sie noch, und das Lied, das sie singt, gibt ihr eine magische Kraft. Sie stürzt den Schiffer ins Verderben:

Ich glaube, die Wellen verschlingen
Am Ende Schiffer und Kahn;
Und das hat mit ihrem Singen
Die Lore-Ley getan.

Der Schiffer verkörpert das Schicksal des Menschen, und es ist gnadenlos. Der Rhein, auf dem er fährt, liegt im Machtbereich der Heiligen Allianz, eigentlich sollte die Jungfrau am Rande des Weges ihr Gotteskind wiegen und den Reisenden schützen. Doch die Loreley ist vorchristlich, sie gehört zu den Elementargeistern, denen Heine später ein ganzes Buch widmen wird. Auf den ersten Blick scheint sie aus der Verdrängung zu holen, was das Christentum lange unter Verschluss gehalten hat, ihre Erotik aber ist nicht befreiend.

Den Schiffer im kleinen Schiffe
Ergreift es mit wildem Weh;

– denn *allen* Schiffern erscheint sie so: immer als Jungfrau, als unberührbar. Sie reizt nur und schenkt ihnen nichts, sie stellt sich nur dar und entzieht sich zugleich. Noch bettet keine Ironie diese Trostlosigkeit ein, noch hat Heine den verlorenen Gleichnissen keine Alternative entgegenzusetzen, mit der sich eine bessere Welt konstruieren ließe. Erst Jahrzehnte später wird er zu dieser Szene zurückkehren, um sie anders zu besetzen.

Seit 1848 ist Heine todkrank, an das Bett seiner »Matratzengruft« gefesselt zieht er Bilanz. Im Jahr 1851 erscheint der *Romanzero,* sein letzter Lyrikband, in dem das Gedicht »Der Apollogott« steht. Es beginnt mit den folgenden Strophen:

Das Kloster ist hoch auf Felsen gebaut,
Der Rhein vorüberrauschet;
Wohl durch das Gitterfenster schaut
Die junge Nonne und lauschet.

Da fährt ein Schifflein, märchenhaft
Vom Abendrot beglänzet;
Es ist bewimpelt von buntem Taft,
Von Lorbeern und Blumen bekränzet.

Das Reimschema, die Bildwelt, die Parataxen – alles ist der »Loreley« nachgeformt, doch Ironie beherrscht die Zeilen. Der Felsen der Loreley ist zum biblischen Felsen der Kirche geworden, zum Felsen des Klosters, von seiner Höhe schaut eine junge Nonne auf das Wasser hinunter. Die Blickrichtung hat sich verkehrt, und jetzt ist es der Schiffer, der das goldene Haar trägt. Auch die Musik kommt nicht mehr vom Gipfel des Berges, sondern vom Fluss. Die Nonne lauscht:

Der Goldgelockte lieblich singt
Und spielt dazu die Leier;
Ins Herz der armen Nonne dringt
Das Lied und brennt wie Feuer.

Heine schreibt eine Parodie auf sein berühmtestes Gedicht, doch sie endet nicht weniger traurig als das Original. Der Schiffer ist nicht mehr allein wie in der »Loreley«:

Zu seinen Füßen liegen da
Neun marmorschöne Weiber;
Die hochgeschürzte Tunika
Umschürzt die schlanken Leiber.

Doch die Nonne sieht das nicht. Liebesentbrannt flieht sie aus dem Kloster, an den Ufern des Rheins eilt sie dem Musenschiff nach, überall sucht sie nach dem Sänger und kommt schließlich nach Holland. Dort gibt ein alter Jude ihr Auskunft:

Ob ich ihn gesehen habe?
Ja, ich habe ihn gesehen
Oft genug zu Amsterdam,
In der deutschen Synagoge.

Denn er war Vorsänger dorten,
Und da hieß er Rabbi Faibisch,
Was auf Hochdeutsch heißt Apollo –
Doch mein Abgott ist er nicht.

In der »Loreley« ist das Schicksal des Schiffers gnadenlos, weil die Welt, in der er untergeht, vorchristlich ist und den Begriff »Gnade« noch nicht kennt. Auch im »Apollogott« gibt Heine seine Figuren gnadenlos preis, aber der sterbende Dichter wirft einen spöttischen Blick auf sie, und was er sieht, ist nicht tragisch, sondern komisch. Eine abtrünnige Nonne läuft einem abtrünnigen Juden nach; einst hat der in seiner Synagoge gebetet wie sie in ihrem Kloster, doch jetzt wandelt er auf anderen Pfaden:

Auch ein Freigeist ist er, aß
Schweinefleisch, verlor sein Amt,
Und er zog herum im Lande
Mit geschminkten Komödianten.

[…]

Aus dem Amsterdamer Spielhuis
Zog er jüngst etwelche Dirnen,
Und mit diesen Musen zieht er
Jetzt herum als ein Apollo.

Der Gott der Musen entpuppt sich als Zuhälter, und die Sünde des Fleisches, der die Nonne verfällt, ist zu einer Farce geworden.

Zwischen »Loreley« und »Der Apollogott« liegen knapp drei Jahrzehnte, fast die gesamte Schaffenszeit des Dichters Heinrich Heine, und an zwei Motiven lässt sich ein Stück des langen Weges ablesen. Sowohl mit dem Felsen als auch mit dem Gott der Griechen scheinen sich Momente des Glücks zu verbinden, aber es ist ihnen zugleich die Enttäuschung eingeschrieben, die Heines Lebenswerk bestimmt.

Während der zwanziger Jahre, dem ersten Jahrzehnt seiner dichterischen Entwicklung, lebt er in Deutschland. Es ist eine Zeit der Unterdrückung, die auch die Form dieses Frühwerkes prägt. Das *Buch der Lieder* ist melancholisch, die *Reisebilder* sind ironisch – Varianten einer Abwehr, die besonders seit seiner Taufe von deutlich politischem Charakter sind. Gegen ein religiös verbrämtes Herrschaftssystem gerichtet, entlehnen sie ihre rhetorischen Mittel nicht selten einer missbrauchten Tradition, und zu ihnen gehört auch das Motiv des Felsens.

Am Ende, in »Der Apollogott«, verfällt dieses System seinem Hohn, aber das scheint nicht immer so gewesen zu sein. Die Julirevolution des Jahres 1830 bildet eine entscheidende Zäsur in Heines Leben, sie führte dazu, dass er nach Paris zieht. Die mit diesem Schritt verknüpften Hoffnungen bleiben unerfüllt – nicht erst die Damaskusaffäre ernüchtert ihn, sondern lange zuvor schon das frühkapitalistische Juste Milieu –, aber der Anfang war vielversprechend, und aus dieser Zeit stammt ein oft zitiertes Gedicht.

Das siebente Stück des Zyklus »Seraphine« hält fest, was es in Heines Werk nicht häufig gibt: den Augenblick einer glücklichen Liebe. Am Ende erweist er sich als Täuschung, und im zwölften Stück heißt es von der Geliebten: »Wie schändlich du gehandelt, / Ich hab es den Menschen verhehlet, / Und bin hinausgefahren aufs Meer, / Und hab es den Fischen erzählet.« Doch im siebenten Stück klingt es noch anders, und seine Bilder sind aufschlussreich, weil auch sie, wie später »Der Apollogott«, an die »Loreley« anknüpfen. Im sechsten Stück ist das schon vorbereitet:

Wo sich zum Meer der Felsen senkt,
Da hab ich sie erreichet,
Da hab ich sanft mit sanftem Wort
Ihr sprödes Herz erweichet.

Hier saßen wir so himmelhoch,
Und auch so himmelselig;
Tief unter uns, ins dunkle Meer,
Die Sonne sank allmählig.

Was dem Schiffer in der »Loreley« versagt bleiben muss, erfüllt sich dem lyrischen Ich dieser Verse. Er hat die Geliebte erreicht, die alten Landschaftselemente treten in einer neuen, völlig anderen Konfiguration zusammen, der Felsen und die Sonne senken sich dem Wasser entgegen. Hier fließt das in der »Loreley« auf immer Getrennte ineinander über und bildet den Auftakt für das siebente Stück:

Auf diesem Felsen bauen wir
Die Kirche von dem dritten,
Dem dritten neuen Testament;
Das Leid ist ausgelitten.

Vernichtet ist das Zweierlei,
Das uns so lang betöret;
Die dumme Leiberquälerei
Hat endlich aufgehöret.

Die Zeilen sind berühmt geworden, weil man sie als Heines Unabhängigkeitserklärung gelesen hat, als sein erotisches Manifest gegen die »Leiberquälerei«, gegen die christliche Trennung von Leib und Seele, die alle körperliche Liebe zur Sünde stempelt. Daran ist noch der Schiffer in der »Loreley« zugrunde gegangen, weil ihm die Jungfrau auf dem Berg als Reiz und zugleich als Verbot erscheinen musste. Den Berg nennt der Dichter jetzt bei seinem Namen, es ist der Fels der Loreley, auf dem er der Kirche des Petrus eine andere Kirche entgegenstellt und ein anderes Gottesreich verkündet. Er fährt fort:

Hörst du den Gott im finstern Meer?
Mit tausend Stimmen spricht er.
Und siehst du über unserm Haupt
Die tausend Gotteslichter?

Der heilge Gott der ist im Licht
Wie in den Finsternissen;
Und Gott ist alles was da ist;
Er ist in unseren Küssen.

In der Forschung ist es weniger die »Loreley«, die diesen Zeilen zur Seite gestellt wird, als die Doktrin der Saint-Simonisten, zu denen Heine sich in den ersten Pariser Jahren hingezogen fühlte; es ist sogar vermutet worden, seine Sympathie für ihre Lehre sei der letzte Anstoß zu seinem Umzug nach Frankreich gewesen. In der Tat stellt das pantheistische Bekenntnis eine deutliche Beziehung zwischen dem Gedicht und den Lehren dieser Gruppe her. In der Frühphase der industriellen Revolution propagierte sie eine Religion der Menschheitsbefreiung, ihr Verkünder Barthélemy Prosper Enfantin war ein unermüdlicher Weltverbesserer, von ihm stammt der Satz »Dieu est tout ce qui est«, und so dachte auch Heine. Nicht zufällig sind seine Schriften der dreißiger Jahre, in denen er die Franzosen mit der deutschen Geistesgeschichte bekannt machen wollte, von diesem Bekenntnis geprägt, und schon hier, im vorletzten Vers des Gedichtes – »Und Gott ist alles, was da ist« – übersetzt Heine den Satz Enfantins, erweist den Saint-Simonisten damit seine Reverenz.

Aber Heine ist kein Ideologe, er ist ein Dichter. Das unterscheidet ihn von seinem Pariser Antipoden Ludwig Börne, von dem er sich im Jahr 1840 in seiner »Denkschrift« scharf absetzt. Pegasus, so schreibt er zwei Jahre später in Caput III des *Atta Troll,* »Ist kein nützlich tugendhafter / Karrengaul des Bürgertums, / Noch ein Schlachtpferd der Parteiwut, / Das pathetisch stampft und wiehert!« Er lässt sich von niemandem ins Joch spannen, und auch das siebente Stück der »Seraphine« ist keiner fremden Kirche verpflichtet, keiner »Eglise« der Saint-Simonisten, sondern nur der Kirche der eigenen Dichtung.

Er hat sie auf dem Felsen seiner Liebe bauen wollen, aber Heine weiß, dass die Gleichnisse nicht mehr gelten. Die Geliebte hat schändlich gehandelt, und was auf dem Felsen begann, »himmelhoch« und »himmelselig«, muss in Trauer enden. So heißt es im elften Stück:

> Dein Herz ist treulos wie der Wind
> Und flattert hin und her;
> Mit schwarzen Segeln segelt mein Schiff
> Wohl über das wilde Meer.

In den letzten Stücken der »Seraphine« scheint die von Heine ersehnte Heilsbotschaft des dritten Testamentes sich wieder ins private Schicksal eines enttäuschten Liebhabers zu verwandeln – aber ist es wirklich so? Weist das Schiff mit seinen schwarzen Segeln nicht über das Ich hinaus, das hier spricht, erinnert es nicht an den Rabbi, der in der Pessachnacht mit seiner Frau über den Rhein flieht, ohne eine Erlösung zu finden; an den Schiffer der »Loreley«, der unter den Augen der Jungfrau einen sinnlosen Tod stirbt; an die Legende vom Fliegenden Holländer, die Heine wenige Jahre später in den *Memoiren des Herren von Schnabelewopski* erzählen wird?

Viele Szenen seiner Dichtung überschreiten auf solche Weise die Grenzen des in ihnen gestalteten Einzelfalls und scheinen ihren eigenen Gleichnischarakter zu haben. Das gehört zu Heines Poetologie, und 1844, in *Deutschland. Ein Wintermärchen,* formuliert er sie kompromisslos. Im Jahr zuvor hatte er nach langer Zeit wieder die Heimat besucht und hörte dort ein kleines Harfenmädchen singen. »Sie sang von Liebe und Liebesgram, / Aufopfrung und Wiederfinden / Dort oben, in jener besseren Welt, / Wo alle Leiden schwinden. // Sie sang vom irdischen Jammertal, / Von Freuden, die bald zerronnen, / Vom Jenseits, wo die Seele schwelgt / Verklärt in ewgen Wonnen. // Sie sang das alte Entsagungslied, / Das Eiapopeia vom Himmel, / Womit man einlullt, wenn es greint, / Das Volk, den großen Lümmel.« Es ist das Lied der Heiligen Allianz, das Lied von religiöser Verbrämung und politischem Betrug, das ihn einst ins Exil gezwungen hatte. Ihm wollte er seine Kirche des dritten Testamentes entgegenstellen, und auch jetzt noch, viele Jahre später, hofft er darauf:

Ein neues Lied, ein besseres Lied,
O Freunde, will ich Euch dichten!
Wir wollen hier auf Erden schon
Das Himmelreich errichten.

Es sind die Konsequenzen der Aufklärung, denen wir in Heines Werk begegnen. Monsieur Le Grand, der Lehrer seiner Kindheit, hatte ihm die Ideen von 1789 beigebracht, Wunschvorstellungen von einer besseren Welt, die unter Napoleon fast Wirklichkeit geworden wären. Aber schon in der Schlussstrophe der »Grenadiere«, mehr als zwanzig Jahre vor dem *Wintermärchen,* hatte Heine die Fragwürdigkeit solcher Heilsbotschaften empfunden, und obwohl er sie immer wieder zu gestalten scheint, werden sie doch stets von ihren Gegenbildern begleitet: Dem Auszug aus Ägypten steht die Flucht des Rabbi gegenüber, der Kirche des dritten Testamentes das Schiff mit den schwarzen Segeln, seinem besseren Lied vom irdischen Himmelreich die deutsche Wirklichkeit des Jahres 1843.

Die Fragwürdigkeit der Aufklärung, die schon bei Lessing zutage getreten war, fordert nun ihren vollen Preis. Als Nathans Parabel nicht mehr aufging, musste er die Wirkungskraft der Ringe auf die Menschen übertragen, denen sie anvertraut waren, und mit dem alten Gleichnis ging seine traditionelle Verheißung unter. Was von menschlicher Leistung abhängig war, konnte keine Sicherheit göttlicher Fügung mehr beanspruchen, und zwei Generationen später ist auch unter Heines scheinbarer Gleichnissprache das Gleichnis verloren gegangen. Nur die Sehnsucht nach ihm ist geblieben – er *wünscht* seiner Dichtung noch einmal die Bindekraft eines heiligen Textes zu geben, will mit der Kirche des dritten Testamentes das Himmelreich schon auf Erden errichten; aber er *weiß,* dass es nicht möglich ist, und seine Trauer darüber verwandelt sich in Ironie.

Im »Apollogott«, schon angesichts des Todes, gibt Heine ihr ihre schärfste Form. Aus der Kirche auf dem

Felsen ist ein Kloster geworden, aus der geliebten Priesterin des neuen Heiligtums eine lächerliche Nonne, und auch das zweite Motiv des Gedichtes soll uns jetzt interessieren: der Gott der Griechen.

Der Name des blonden Sängers, so teilt es der alte Jude der liebeskranken Nonne mit, sei »Rabbi Faibisch, / Was auf Hochdeutsch heißt Apollo«. Seine Übersetzung enthält ein ganzes Sprachenknäuel. »Faibisch« ist die jiddische Verballhornung von Phoibos/Phoebus, wie der Musengott Apollo bei den Griechen bzw. Römern auch genannt wurde; doch der Jude hält das für »Hochdeutsch«, er glaubt den scheinbar jiddischen Namen des aus der Synagoge entlaufenen Vorsängers in die Sprache der »Leitkultur« zu übertragen.

Das interkulturelle Gewirr, das Heine hier gestaltet, ist heiter, denn es karikiert die Missverständnisse, denen die Begegnung von Juden und Deutschen von Anfang an ausgesetzt war. Es verspottet die hohen Begriffe, von denen man in Deutschland die jüdische Emanzipation abhängig machte, und es deckt die Verlogenheit auf, die sich hinter der Fassade der Kultur verbirgt.

Der alte Jude, der der Nonne Auskunft gibt, ist von den Lockungen der Neuzeit keineswegs begeistert. »Doch mein Abgott ist er nicht«, sagt er über Faibisch-Apollo und drückt damit nicht nur seine Verachtung für den zum Zuhälter verkommenen Vorsänger aus, sondern auch seine traditionelle Haltung in einem sehr viel älteren Konflikt. Die Götter Griechenlands sind die heidnische Drohung, gegen die der Monotheismus einst sein biblisches Bilderverbot errichtet hat, und noch heute wird das Chanukkafest begangen, weil es den Makkabäern vor über zweitausend Jahren gelang, die Seleukiden zu vertreiben und ihre Götzen wieder aus dem Tempel zu entfernen.

Schon damals, in den Kämpfen des zweiten vorchristlichen Jahrhunderts, standen sich Traditionalisten und ein hellenisiertes Judentum, die sogenannten *Mitjawním*, gegenüber. Seither dient die Bezeichnung als Synonym für die von der Orthodoxie verabscheuten Assimilanten – für alle, die auf eine jüdische Eigenart verzichten und sich der jeweils herrschenden Universalkultur anpassen wollen. Wie der fromme Jude in Holland wird auch Heine am Ende den Apollogott verspotten, aber lange Zeit hat er sich in diesem alten Konflikt auf die Seite der Hellenisierer gestellt.

Freilich tat er es nicht auf die apologetische Weise, die für viele Assimilanten in seiner jüdischen Umgebung bezeichnend war, als sie sich im 19. Jahrhundert die deutsche Kultur aneigneten und die Welt, aus der sie stammten, möglichst schnell vergessen wollten. Er tat es in einem umgekehrten, gegen die Herrscher gerichteten Sinn: Das »Hellenentum«, das Heine für sich beanspruchte, entsprach einem revolutionären Programm.

Die Hinwendung zu Griechenland gehörte zu den kulturellen Grundzügen der Periode. Seit der Renaissance – genauer: seit dem Fall von Konstantinopel im Jahr 1453, der viele griechische Gelehrte nach Italien brachte – darf man sie als ein Krisenphänomen der Neuzeit betrachten, als Ausdruck des Wunsches, mit dem Ende des christlichen Paradigmas eine Orientierungshilfe in der Antike, vornehmlich im antiken Mythos zu finden. Es ist dies eine europäische Erscheinung, die in England nicht weniger als in Frankreich und auch anderen Ländern zu beobachten ist und über Heines Zeit hinaus etwa bei Nietzsche, Freud und Albert Camus zahlreiche Varianten aufweist. Die bei diesen und anderen Deutern entworfenen Bilder von den Griechen lassen sich historisch nicht immer nachweisen, sie reflektieren lediglich verschiedene Identifikationsmodelle. Das ist auch bei Heine so, und ein Vorbild für seine Hellenen findet er in der deutschen Klassik. »Nun, da Sie ein Deutscher geboren sind«, schreibt Schiller in einem Brief an Goethe, der die Freundschaft der beiden Dichter begründet, »da Ihr griechischer Geist in diese nordische Schöpfung geworfen wurde, so blieb Ihnen keine andere Wahl, als entweder selbst zum nordischen Künstler zu werden, oder Ihrer Imagination das, was ihr die Wirklichkeit vorenthielt, durch Nachhilfe der Denkkraft zu ersetzen und so gleichsam von innen heraus und auf einem rationalen Wege ein Griechenland zu gebären.«

Von der Homer-Begeisterung des jungen Werther bis zur schönen Helena im zweiten Teil des *Faust* sind die griechischen Elemente in Goethes Werk nicht zu übersehen, und in Schillers Todesjahr, 1805, erscheint sein Aufsatz über Winckelmann. Das »letzte Produkt der sich immer steigernden Natur ist der schöne Mensch«, heißt es dort, die Schönheit aber sei vergänglich. »Dagegen tritt nun die Kunst ein«, schreibt Goethe, »denn indem der Mensch auf den Gipfel der Natur gestellt ist, so sieht er sich wieder als eine ganze Natur an, die in sich abermals einen Gipfel hervorzubringen hat. Dazu steigert er sich, indem er sich mit allen Vollkommenheiten und Tugenden durchdringt, Wahl, Ordnung, Harmonie und Bedeutung aufruft und sich endlich bis zur Produktion des Kunstwerkes erhebt [...]. Ist es einmal hervorgebracht, steht es in seiner idealen Wirklichkeit vor der Welt, so bringt es eine dauernde Wirkung, es bringt die höchste hervor: [...] erhebt, indem es die menschliche Gestalt beseelt, den Menschen über sich selbst, schließt seinen Lebens- und Tatenkreis ab und vergöttert ihn für die

Gegenwart, in der das Vergangene und Künftige begriffen ist. Von solchen Gefühlen wurden die ergriffen, die den olympischen Jupiter erblickten [...]. Der Gott war zum Menschen geworden, um den Menschen zum Gott zu erheben.«

Die Apotheose des Menschen, die in anderer Perspektive zur Herausforderung der Moderne werden musste, erhielt hier ihre ästhetische Begründung. Und obwohl er mit Goethes Tod das Ende der Kunstperiode verkündete, war Heine doch Ästhet genug, um solchen Argumenten mehr als nur Gehör zu schenken. Wer die Kirche des dritten Testamentes bauen wollte, konnte sich ihnen lange Zeit nicht entziehen – auch Heine hat ein Konzept des Hellenen entworfen, das Goethes klassischem Muster nicht unähnlich ist und sich zugleich von ihm unterscheidet.

In *Ludwig Börne, Eine Denkschrift* formuliert Heine den Gegensatz, der dieses Konzept bestimmt. Dem Hellenen stellt er den Nazarener gegenüber, seine Deutung dieser Begriffe löst sie aus ihrem historischen und lokalen Kontext:

Ich sage nazarenisch, um mich weder des Ausdrucks »jüdisch« noch »christlich« zu bedienen, obgleich beide Ausdrücke für mich synonym sind und von mir nicht gebraucht werden, um einen Glauben, sondern um ein Naturell zu bezeichnen. »Juden« und »Christen« sind für mich ganz sinnverwandte Worte im Gegensatz zu »Hellenen«, mit welchem Namen ich ebenfalls kein bestimmtes Volk, sondern eine sowohl angeborne als angebildete Geistesrichtung und Anschauungsweise bezeichne. In dieser Beziehung möchte ich sagen: alle Menschen sind entweder Juden oder Hellenen, Menschen mit ascetischen, bildfeindlichen, vergeistigungssüchtigen Trieben, oder Menschen von lebensheiterem, entfaltungsstolzem und realistischem Wesen.

Den Menschen, die Krone der Schöpfung, spaltet Heine in zwei Arten auf, und er lässt keinen Zweifel daran, welcher er den Vorzug gibt. Damit nimmt er eine Umkehrung der Prämissen vor, auf denen die jüdisch-christliche Tradition beruht. Auch sie setzt ein zweifaches Menschenbild voraus: Dem ursprünglichen Menschen der Schöpfung stellt sie den monotheistischen Menschen gegenüber, zunächst in Abraham und seinen Nachkommen des Alten Testamentes, dann in den Christen des Neuen Testamentes, die den Glauben an Jesus angenommen haben. Für die in der Bibel wurzelnde Kultur ist nur der Monotheist ein »guter« Mensch, nur er kann »erlöst« werden und ins Paradies zurückkehren, das der ursprüngliche Mensch einst verlassen musste.

Dort wurde er als das Ebenbild des monotheistischen Gottes geschaffen: Das ist das erste aller verlorenen Gleichnisse, und es lässt seinen eschatologischen Grund durchscheinen. Mit der Aufforderung an Abraham und später an die Christen, die Welt der Heiden zu verlassen, offenbart sich der Schöpfergott seinen Gläubigen, er ruft ihnen in Erinnerung, welchem Vor-Bild sie sich anzugleichen haben, um in den Himmel zu kommen. Heine hat seine Schwierigkeiten mit diesem Erlösungsangebot.

Denn bei den Juden gibt es kein Gottesbild, und bei den Christen wird es zum leidenden, ans Kreuz geschlagenen Menschen. Das sind für Heine die Symptome der nazarenischen Krankheit, der »ascetischen, bildfeindlichen, vergeistigungssüchtigen« Pathologie; die hellenische Alternative dagegen – »lebensheiter, entfaltungsstolz, realistisch« – kehrt das biblische Gleichnis um. Nicht in einem Jenseits hat der Mensch sein göttliches Ebenbild zu suchen, sondern in der Gegenwart: Gott ist sein höheres Selbstbild, in das der Mensch sich zu verwandeln hat.

Für ein solches »Hellenentum« optiert Heine. Die Not der Moderne, die ihre Gleichnisse verloren hat, sucht er zu ihrer Tugend zu machen, und was Goethe noch ästhetisch formuliert, wird bei ihm zur gesellschaftlichen Utopie. Im Felsen für die Kirche vom dritten Testament gibt er ihr poetischen Ausdruck, in einem besseren Lied will er schon auf Erden das Himmelreich errichten. Aber längst ist er zum Ironiker geworden, und auch dem hellenischen Gleichnis, wie allen seinen Utopien, schreibt er zugleich das Gegenbild ein.

In seiner *Denkschrift* gestaltet er es in der Figur Ludwig Börnes. Wie Heine war er nach Paris emigriert, in den Augen der deutschen Herrscher galten beide als Verbündete im Kampf gegen das Metternich-System; aber als Börne 1837 gestorben war, beschloss Heine, diesen Eindruck zu korrigieren. In den politischen Kämpfen des Vormärz war er nicht sein Partner gewesen, sondern sein Antipode: der Nazarener, von dem es sich abzusetzen galt.

Das zeige schon Börnes Hass auf Goethe. Der »kleine Nazarener«, fasst Heine es apodiktisch zusammen, »haßte den großen Griechen, der noch dazu ein griechischer Gott war.« Vor der Julirevolution habe er ihn als klugen, humorvollen Mann kennengelernt, in Paris aber sei er zum Republikaner geworden und habe auf einen unerreichbaren Umsturz hingearbeitet. Er habe es auf eine verbissene, fanatische Weise getan, in der seine nazarenische Krankheit zum Ausbruch gekommen sei. Heine distanziert sich von ihr. Auf hoher See, schreibt er,

> begegneten sich unsere Schiffe, während jener furchtbare Sturm wütete, worin er zu Grunde ging. […] Armer Mann! Sein Schiff war ohne Anker und sein Herz ohne Hoffnung … Ich sah, wie der Mast brach, wie die Winde das Tauwerk zerrissen … Ich sah, wie er die Hand nach mir ausstreckte …
>
> Ich durfte sie nicht erfassen, ich durfte die kostbare Ladung, die heiligen Schätze, die mir vertraut, nicht dem sicheren Ver-

derben preisgeben … Ich trug an Bord meines Schiffes die Götter der Zukunft.

Heines Bild von den politischen Positionskämpfen im Vormärz ist dramatisch stilisiert, und sein Pathos soll vielleicht die eigene Enttäuschung übertönen. Die *Denkschrift* erscheint 1840, es ist das Jahr der Damaskusaffäre, in dem er auch den *Rabbi von Bacherach* veröffentlichen wird und längst weiß, dass er gegen die Nazarener nichts ausrichten kann. Das Buch über Börne hat man als Schmähschrift gelesen und es Heine auf der politischen Linken nie verziehen, aber es lässt nicht nur den Nazarener untergehen, es stellt auch dem Hellenen kein besseres Zeugnis aus. In seinen Träumen sieht Heine sich an einer Pariser Straßenecke sitzen:

Ja, zu meiner eigenen Verwunderung, bin ich ganz in rosaroten Trikot gekleidet in ein sogenanntes fleischfarbiges Gewand, da die vorgerückte Jahrzeit und auch das Klima keine völlige Nacktheit erlaubt wie in Griechenland, bei den Thermopylen wo der König Leonidas mit seinen dreihundert Spartanern, am Vorabend der Schlacht, ganz nackt tanzte, ganz nackt das Haupt mit Blumen bekränzt … […] Ach! es waren frische freudige Blumen, als ich mich einst damit schmückte, in der Meinung, den anderen Morgen ginge es zur Schlacht, zum heiligen Todessieg für das Vaterland – Das ist nun lange her, mürrisch und müßig sitze ich an der Rue Laffitte und harre des Kampfes, und unterdessen welken die Blumen auf meinem Haupte, und auch meine Haare färben sich weiß, und mein Herz erkrankt mir in der Brust …

Eine doppelte Ironie liegt über diesem melancholischen Selbstporträt. Nicht nur der Kranz auf Heines Kopf ist verwelkt, auch Leonidas selbst hat den Sieg der Griechen über den barbarischen Tyrannen nicht mehr erlebt, weil ein Verräter, Ephialtes, die Truppen des Feindes über einen Bergpfad führte und ihnen half, die Stellung der Thermopylen einzukreisen. Ob auch der Nazarener Börne in

Heines Augen ein Verräter der Freiheit war, sei dahingestellt; die Frage ist müßig und muss offen bleiben, weil Heine hier weniger eine persönliche Abrechnung als eine weltgeschichtliche Typologie vornimmt.

Der Streit zwischen Nazarenern und Hellenen, schreibt er, sei »ein Zweikampf, der noch immer nicht entschieden ist und vielleicht sogar nie ausgekämpft wird«. Aber Goethes Kunstperiode ist vorbei, die Gleichnisse sind verloren und nicht mehr zu ersetzen. Kein Hellene kann die Stellung mehr einnehmen, aus der die Nazarener ihn verdrängt haben, und Börne, ihr typischer Repräsentant, läutet eine graue Zukunft ein. Am Ende der *Denkschrift* träumt Heine noch einmal von einer Nymphe, doch sie befindet sich schon auf der Flucht:

Während sie [...] manchmal, wie eine Sterbende, im Schlafe röchelte, flüsterten ihre Gefährtinnen allerlei Gespräche, wovon ich nur sehr wenig verstand, da sie das Griechische ganz anders aussprachen, als ich es in der Schule [...] gelernt hatte ... Nur so viel begriff ich, daß sie über die schlechte Zeit klagten und noch eine Verschlimmerung derselben befürchteten [...] Da plötzlich, in der Ferne, erhob sich ein Geschrei von rohen Pöbelstimmen ... Sie schrieen, ich weiß nicht mehr was? ... Dazwischen kicherte ein katholisches Mettenglöckchen ... Und meine schönen Waldfrauen wurden sichtbar noch blasser und magerer, bis sie endlich ganz in Nebel zerflossen, und ich selber gähnend erwachte.

Bereits zu Beginn der vierziger Jahre weiß Heine, dass er auf verlorenem Posten steht. Das bessere Lied, das er im *Wintermärchen* verspricht, wird nur Poesie bleiben, und auch seine hellenischen Illusionen scheint er im Laufe dieses Jahrzehnts aufzugeben: Über den »Apollogott«, den er im *Romanzero* dichtet, schüttet er nur noch Spott aus.

Im Jahr 1848 verändert sich Heines Leben. Er ist immer kränklich gewesen, und jetzt, während die von Börne fälschlich vorhergesagte deutsche Revolution scheitert, bricht sein Körper endgültig zusammen. Im Rückblick erwähnt er diese Koinzidenz nicht, er beschreibt nur den anderen Verzicht, den er hat leisten müssen:

Es war im Mai 1848, an dem Tage, wo ich zum letzten Male ausging, als ich Abschied nahm von den holden Idolen, die ich angebetet in den Zeiten meines Glücks. Nur mit Mühe schleppte ich mich bis zum Louvre, und ich brach fast zusammen, als ich in den erhabenen Saal trat, wo die hochgebenedeite Göttin der Schönheit, Unsere liebe Frau von Milo, auf ihrem Postamente steht. Zu ihren Füßen lag ich lange, und ich weinte so heftig, daß sich dessen ein Stein erbarmen mußte. Auch schaute die Göttin mitleidig auf mich herab, doch zugleich so trostlos, als wollte sie sagen: siehst du denn nicht, daß ich keine Arme habe und also nicht helfen kann?

Die im Louvre ausgestellte Venus von Milo ist nur ein Torso, und im hier zitierten Nachwort zum *Romanzero*, das er 1851 schreibt, wird ihm das zum Zeichen seiner Hilflosigkeit. Dort spricht er auch von seinem religiösen Wandel in den Jahren der Krankheit. Er habe, so heißt es, »mit dem Schöpfer Frieden gemacht, zum größten Ärgernis meiner aufgeklärten Freunde, die mir Vorwürfe machten über dieses Zurückfallen in den alten Aberglauben, wie sie meine Heimkehr zu Gott zu nennen beliebten«. Dann fasst er es ins Bild:

Ja, ich bin zurückgekehrt zu Gott, wie der verlorene Sohn, nachdem ich lange bei den Hegelianern die Schweine gehütet.

Heine hat die Seiten gewechselt. Jetzt verwendet er die Worte des Lukas, er scheint die Sprache der Nazarener zu sprechen und richtet das biblische Gleichnis gegen seine »aufgeklärten Freunde«, gegen Hegel und seine Schüler, gibt ihnen die Rolle des Mannes, bei dem der verlorene Sohn, nachdem er das Erbe des Vaters verprasst hat, die Schweine hütet. Er distanziert sich von seinen langjährigen Weggenossen. Die späte Kehrtwendung wirft ein anderes Licht auf weite Strecken seiner geistigen Biografie.

Im Berlin der frühen zwanziger Jahre war er Hegel persönlich begegnet und hatte seine Vorlesungen gehört, er war dem von ihm inspirierten jüdischen Culturverein beigetreten und hatte im *Rabbi von Bacherach* eine dialektische Deutung des deutschen Judentums versucht. Das war gescheitert, aber den Fortschrittsglauben Hegels gab er lange nicht auf, und im Paris nach der Julirevolution 1830 machte er einen zweiten Anlauf.

Diesmal tat er es nicht mehr als Jude, der seinem Volk den Weg in die Moderne wies, sondern als Deutscher, der die Franzosen mit der Geistesgeschichte seines Landes bekannt zu machen wünschte. Auch in Deutschland, so wollte er zeigen, hatte man eine Revolution gemacht, und 1835 widmete er die französische Fassung seines Buches *Zur Geschichte der Religion und Philosophie in Deutschland* nicht zufällig dem Verkünder der saint-simonistischen Lehre, Barthélemy Prosper Enfantin. »Gott ist identisch mit der Welt«, heißt es dort,

> am herrlichsten manifestiert er sich in dem Menschen, der [...] schon in seiner Vernunft die Ideen trägt, die sich ihm in der Erscheinungswelt kund geben. Im Menschen kommt die Gottheit zum Selbstbewußtsein, und solches Selbstbewußtsein offenbart sie wieder durch den Menschen. Aber dieses geschieht nicht in dem einzelnen und durch den einzelnen Menschen, sondern in und durch die Gesamtheit der Menschen [...]. Gott ist daher der eigentliche Held der Weltgeschichte, diese ist sein beständiges Denken, sein beständiges Handeln, sein Wort, seine Tat; und von der ganzen Menschheit kann man mit Recht sagen, sie ist eine Inkarnation Gottes!

Heine zitiert das Weltbild Hegels, aber er ist kein systematischer Denker, er ist ein Dichter. Seine Inspiration holt er sich, wo er sie findet: bei Enfantin selbst, – den Satz »Gott ist alles, was da ist« zitiert er auch in dem ihm gewidmeten Buch – in der Geschichte der deutschen Philosophie oder in einem über Goethe vermittelten, frei adaptierten »Hellenentum«. Alles bereitet die Kirche des dritten Testamentes vor, die Apotheose des Menschen – ihren Gottesbegriff nennt Heine »Pantheismus«. Er sei, so heißt es bald darauf, »das öffentliche Geheimnis in Deutschland«, dort hätten die Dichter und Denker die nazarenische Krankheit bereits überwunden und wüssten längst, dass Gott die Selbstverwirklichung des Menschen sei.

Das war schon in Lessings Ringparabel angelegt, in jener besseren Welt, in der die Söhne des toten Vaters an die Stelle Gottes treten würden. Aber es war ein Traum, den kein Sterblicher erfüllen konnte, und niemand bekam das schärfer zu spüren als Heine selbst. In den Jahren seiner letzten Krankheit, in denen er ans Bett gefesselt bleibt, wandeln sich seine Anschauungen; jetzt setzt er sich vom Pantheismus ab:

> Das himmlische Heimweh überfiel mich und trieb mich fort durch Wälder und Schluchten, über die schwindligsten Bergpfade der Dialektik. Auf meinem Wege fand ich den Gott der Pantheisten, aber ich konnte ihn nicht gebrauchen. Dies arme träumerische Wesen ist mit der Welt verwebt und verwachsen, gleichsam in ihr eingekerkert, und gähnt dich an, willenlos und ohnmächtig.

Auch das steht im Nachwort zum *Romanzero,* und im Jahr darauf, 1852, wird Heine noch deutlicher. Er wusste, dass er nicht mehr lange zu leben hatte, und wollte seine Frau versorgen – deshalb brachte er noch einmal seine gesammelten Werke heraus, darunter auch *Zur Geschichte der Religion und Philosophie in Deutschland.* Jetzt, 17 Jahre nach der ersten Veröffentlichung, gibt er dem Werk eine distanzierte Vorrede. »Ehrlich gestanden«, schreibt er, »es wäre mir lieb, wenn ich das Buch ganz ungedruckt lassen könnte. Es haben sich nämlich seit dem Erscheinen desselben meine Ansichten über manche Dinge, besonders über göttliche Dinge, bedenklich geändert.« Und dann spricht Heine noch einmal die Sprache der Bibel, aber diesmal borgt er sich sein Gleichnis nicht bei Lukas aus, er erfindet es selbst:

Es stehen überhaupt noch viele schöne und merkwürdige Erzählungen in der Bibel [...], z. B. gleich im Anfang die Geschichte von dem verbotenen Baume im Paradiese und von der Schlange, der kleinen Privatdozentin, die schon sechstausend Jahre vor Hegels Geburt die ganze Hegelsche Philosophie vortrug. Dieser Blaustrumpf ohne Füße zeigt sehr scharfsinnig, wie das Absolute in der Identität von Sein und Wissen besteht, wie der Mensch zum Gotte werde durch die Erkenntnis, oder was dasselbe ist, wie Gott im Menschen zum Bewußtsein seiner selbst gelange – Diese Formel ist nicht so klar wie die ursprünglichen Worte: Wenn ihr vom Baume der Erkenntnis genossen, werdet ihr wie Gott sein!

Die Vorzeichen haben sich verkehrt: Die lang erhoffte Revolution ist zum Sündenfall geworden. Jetzt lehnt Heine nicht nur Hegels These ab, die Menschheit sei eine Inkarnation ihres Schöpfers, er geht bis an den Ursprung zurück und legt die Hybris im ersten Gleichnis der Bibel bloß. Der Mensch, so weiß er nun, ist keineswegs ein Ebenbild Gottes, und er scheint damit wieder an dem Punkt zu stehen, den er einst überwinden wollte. Doch auch in dieser schweren Stunde bleibt er ironisch. Das letzte Werk, das er zu Lebzeiten veröffentlicht, heißt *Geständnisse,* und dort stehen die Zeilen:

Ich hatte Moses früher nicht sonderlich geliebt, wahrscheinlich weil der hellenische Geist in mir vorwaltend war, und ich dem Gesetzgeber der Juden seinen Haß gegen alle Bildlichkeit, gegen die Plastik, nicht verzeihte. Ich sah nicht, daß Moses, trotz seiner Befeindung der Kunst, dennoch selber ein großer Künstler war und den wahren Künstlergeist besaß. Nur war dieser Künstlergeist bei ihm, wie bei seinen ägyptischen Landsleuten, nur auf das Kolossale und Unverwüstliche gerichtet. Aber nicht wie die Ägypter formierte er seine Kunstwerke aus Backstein und Granit, sondern er baute Menschenpyramiden, er meißelte Menschen-Obelisken, er nahm einen armen Hirtenstamm und schuf daraus ein Volk, das ebenfalls den Jahrhunderten trotzen sollte, ein großes, ewiges, heiliges Volk, ein Volk Gottes, das allen andern Völkern als Muster, ja der ganzen Menschheit als Prototyp dienen konnte: er schuf Israel!

Auf dem Sterbebett nimmt Heinrich Heine seinen Traum vom Himmelreich auf Erden zurück – und doch wieder nicht. In seiner Ironie hält er bis ans Ende aus und reicht im Angesicht des Todes die Fackel des Künstlers an Moses zurück, an den Schöpfer des Judentums: Ins Nazarenische gewendet, spricht er noch immer die Sprache des Hellenen.

Vater und Sohn
Franz Kafka

In der Geschichte der deutsch-jüdischen Literatur ist Heine ein nicht leicht zu erklärendes Phänomen. Er kommt elf Jahre nach dem Tod Moses Mendelssohns zur Welt und gehört zur ersten Generation der deutschen Juden, die noch kaum Gelegenheit hatte, in der Kultur ihres Landes heimisch zu werden; fast die Hälfte seines Lebens verbringt er in Frankreich, verfasst dort den größten Teil seines Werkes – und dennoch schreibt er sich dieser Kultur und dem deutschen Kollektivgedächtnis aufs Tiefste ein.

Erstaunlich ist das unter anderem deshalb, weil es zur Integration der Juden eines politisch erfolgreichen Bürgertums bedurft hätte, das es in Heines Deutschland nicht gab und das auch später nicht entstanden ist. Die gescheiterte Revolution von 1848 besiegelte das Schicksal dieses Standes und das der Juden zugleich – der Fortgang der deutsch-jüdischen Literaturgeschichte belegt es. Nach Heine gibt es für Jahrzehnte kaum einen nennenswerten Schriftsteller in dieser Literatur, und die wenigen Ausnahmen bestätigen die Regel. Sowohl Berthold Auerbach (1812–1882) als auch Karl Emil Franzos (1848–1904) waren zu Lebzeiten recht populär, ihre Vorstellungen von einer Assimilation der Juden erwiesen sich jedoch in wachsendem Maß als illusorisch und nahmen ihren Texten die Glaubwürdigkeit. Seit der Mitte des 19. Jahrhunderts ist in der deutschen Literatur nachzulesen, warum ihre gesellschaftlichen Hoffnungen Utopie bleiben mussten. Erzähler wie Theodor Storm und Adalbert Stifter, Gottfried Keller und Theodor Fontane – um nur wenige Beispiele zu nennen – stellten überall im deutschen Sprachraum die Tragödie des Bürgertums dar, und diese hatte eine lange Vorgeschichte.

Zu ihren Symptomen gehören die vielfachen Abwandlungen, die das Gleichnis vom verlorenen Sohn in der Neuzeit erfährt. Mit dem Vater, der seinen unglücklich aus der Fremde heimkehrenden Sohn liebevoll wieder aufnimmt, ist im Neuen Testament ursprünglich Gott gemeint. Der Evangelist erzählt die Heilsgeschichte und deutet damit auf die im Christentum verheißene Rückkehr ins Paradies; seit dem 16. Jahrhundert aber, mit Beginn der Reformation und unter dem Einfluss der humanistischen Bewegung, wird das Gleichnis von den Ideologen einer neuen Zeit vereinnahmt. Seiner Eschatologie entkleidet, wandelt sich der Text zur Tugendlehre für ein entstehendes Bürgertum, in der die väterliche Sorge für Haus und Hof ihren Lohn findet.

Diese Lehre hat dem Bürgertum im deutschen Sprachraum zwar einen gewissen Wohlstand, aber wenig Glück gebracht. Im 19. Jahrhundert wurde der Kampf um die deutsche Hegemonie nicht von demokratischen Bewegungen, sondern von Dynastien geführt; das Bürgertum hat sich aus den Fesseln eines verschleppten Feudalismus nie befreien können. Auf der Schwelle zum neuen Jahrhundert schreibt Thomas Mann seinen ersten Roman, und *Buddenbrooks* trägt noch die Spuren einer protestantischen Tradition, die schon im Schwinden ist. Der Niedergang dieses bürgerlichen Hauses hat eine materielle und eine metaphysische Seite, es verliert nicht nur seinen Besitz, sondern auch den Segen Gottes.

Zehn Jahre später veröffentlicht Thomas Manns Altersgenosse Rainer Maria Rilke seine *Aufzeichnungen des Malte Laurids Brigge* und beendet den Roman mit einer eigenen Version des biblischen Gleichnisses. »Man wird mich schwer davon überzeugen«, heißt es dort zu Beginn, »daß die Geschichte des verlorenen Sohnes nicht die Legende dessen ist, der nicht geliebt werden wollte.« Bei Lukas ist es die Heimkehr des Sohnes, die gefeiert wird, bei Rilke ist es sein Aufbruch. Um ein wahres Leben führen zu können, muss er sich von der Liebe des Elternhauses befreien, die ihn wie eine Fessel festzuhalten droht. In der Fremde aber wird ihm bewusst, dass er sein Leben besser verstehen muss, und daher kehrt er noch einmal in die Kindheit zurück, in das längst verlassene Haus seiner Eltern. Gegen Ende von Rilkes Roman lesen wir: »Es ist begreiflich, daß von allem, was nun geschah, nur noch dies überliefert ward: seine Gebärde, die unerhörte Gebärde, die man nie vorher gesehen hatte; die Gebärde des Flehens, mit der er sich an ihre Füße warf, sie beschwörend, daß sie nicht liebten. Erschrocken und schwankend hoben sie ihn zu sich herauf. Sie legten sein Ungestüm nach ihrer Weise aus, indem sie verziehen. Es muß für ihn unbeschreiblich befreiend gewesen sein, daß ihn alle missverstanden, trotz der verzweifelten Eindeutigkeit seiner Haltung.«

Rilke nimmt eine radikale Neuauslegung vor: Der Sohn kehrt nicht zurück, um sich den Eltern wieder anzuschließen, er sucht nur nach dem Ausgangspunkt, an dem sein eigenes Leben begann; nicht eine Heimkehr wird hier zelebriert, sondern eine Entfremdung; und als alle ihn missverstehen, fühlt er sich befreit, denn erst jetzt ist die Entfremdung endgültig vollzogen. Rilkes einziger Roman erscheint 1910, und das Unglück des Bürgertums, das bald darauf in die Katastrophe des Weltkriegs münden wird, erfährt in ihm seine Apotheose. Er trägt die literarischen Spuren eines historischen Prozesses, in welchem auch Lessings Ringparabel schon eine Schlüsselstellung einnimmt. Dort wird die Tradition des Hauses infrage gestellt, die im biblischen Gleichnis als selbstverständlich vorausgesetzt wird, und schlimmer noch – es ist der Vater selbst, der sie bricht.

Bereits am Ende der Aufklärung wird damit jeder glücklichen Heimkehr eines entlaufenen Sohnes der Boden entzogen. An der Wende zum 20. Jahrhundert jedoch trifft das alte Gleichnis auf eine vollkommen veränderte Welt, und erst jetzt kann es eine Form annehmen, die im christlichen Kontext noch undenkbar wäre. In Wien arbeitet Sigmund Freud die Grundbegriffe der Psychoanalyse aus; auf das Jahr 1900 datiert er *Die Traumdeutung*, das erste große Werk der neuen Lehre. Dort stellt er seine Auslegung der Ödipus-Sage vor, die ein anderes Menschenbild definieren wird.

Auch Ödipus ist ein verlorener Sohn, doch alles an seinem Schicksal steht dem biblischen Gleichnis entgegen. Er verlässt das Elternhaus nicht aus eigenem Willen, sondern der Vater selbst setzt ihn als kleines Kind aus; statt eines Segens begleitet der Fluch eines heidnischen Gottes seine Heimkehr; sie führt zur Ermordung des Vaters und hat Folgen, die eine ganze Stadt ins Verderben stürzen.

Wie viele im deutschen Kulturraum sozialisierte Juden, kommt auch Freud von der Aufklärung her. Aber er bezweifelt ihre Prämissen, er glaubt nicht mehr an eine gute Natur des Menschen, die, von äußeren Zwängen befreit, eine bessere Welt ins Werk setzen werde. Für ihn entsteht Kultur im Kampf gegen die Mächte der Unterdrückung, der fremden Gewalt muss sie ihre eigene Gewalt entgegensetzen, um zur Entfaltung zu kommen.

1913, am Vorabend des Ersten Weltkriegs, veröffentlicht er *Totem und Tabu*, wo er von den Söhnen der Urhorde erzählt, die ihren tyrannischen Vater ermordet haben. Dies ist für ihn die Geburtsstunde der Moral, denn nach dem Mord verspeisen die Söhne ihr Opfer und verinnerlichen in nachträglichem Gehorsam die Inzestschranke, die der Vater ihnen in despotischer Eigensucht aufgezwungen hatte: Sie entdecken den Ödipuskonflikt und überwinden ihn zugleich.

Diese von einem österreichischen Juden geschriebene Urszene der Kultur lässt sich auch als Gegentext zu Lessings Ringparabel lesen. Denn folgt man dem deutschen Aufklärer des 18. Jahrhunderts, so scheint der Vater der drei Söhne ein ziemlicher Dummkopf gewesen zu sein. Mit jedem Einzelnen von ihnen soll er gegen die je anderen beiden Brüder paktiert haben, das fadenscheinige Spiel aber drohte in der Stunde nach seinem Begräbnis aufzufliegen. Spätestens dann würde der väterliche Betrug ans Licht kommen, die Söhne müssten sein Gedächtnis verfluchen und ihn für immer hassen.

Ist die Ringparabel nur die Geschichte der Toleranz, oder auch die eines Aufstands? Im Haus des Vaters herrscht das Gesetz der Wahl, die in jeder Generation einen der Söhne zum Herren über seine Brüder erhebt. Wollten sie dieses harte Gesetz vielleicht abwerfen, wollten sie ihre Gleichheit erkämpfen? Drei Söhne begraben einen Vater – haben sie ihn vielleicht umgebracht?

Lessing entstammt dem deutschen Pfarrhaus, deshalb erzählt er seine Parabel anders. In der biblischen Tradition gibt es keinen Vatermord, dort werden nur Brüder erschlagen. Der erste Mörder in der Genesis heißt Kain, und die tyrannische Rolle des »Vaters« in dieser Tragödie – des Gottes, der Kains Opfer nicht angenommen hat – wird sorgfältig ausgeblendet. Erst Freud spielt die Möglichkeit durch, die bei Lessing noch nicht in den Horizont kommt, erst er greift auf die vom Monotheismus lange verdrängten Mythen zurück, nach denen selbst göttliche Väter ermordet wurden, wenn sie ihren Söhnen unerträglich geworden waren, und es ist aufschlussreich, wie schnell sein Menschenbild im Zeichen des Ödipus nun Verbreitung fand.

In den patriarchalischen Religionen der Juden und der Christen blieb der Konflikt der Generationen verdeckt, weil die Väter ihn nicht zum Ausbruch kommen ließen, und noch Heine hat nur eine sanfte Ironisierung des Gottesbildes gewagt. Doch gegen Ende des 19. Jahrhunderts brechen die Dämme. Es ist ein Kennzeichen der Moderne, dass sie die Autorität der Väter und ihrer Traditionen infrage stellt, und auch für die Kulturgeschichte der deutschen Juden hat das Folgen. Nach Heines Tod bringen sie keinen bedeutenden Schriftsteller hervor, denn seit 1848 sind sie bemüht, herrschende Normen zu verinnerlichen. Auerbach und Franzos legen ihren jüdischen Lesern ein bürgerliches Ethos ans Herz, dessen Problematik sie lange verkennen, und erst im Fin de Siècle meldet sich eine Generation zu Wort, die in der deutsch-jüdischen Historiografie »postassimilatorisch« genannt wird. Arthur Schnitzler und Jakob Wassermann schreiben ihre scharfzüngigen, kritischen Werke, bei Else Lasker-Schüler und bald darauf bei den Expressionisten bricht ein aufgestauter Schmerz der gescheiterten Erwartungen durch: Den angepassten Vätern stellen sich ihre enttäuschten Kinder entgegen. Um die Jahreswende 1923/24 schreibt Franz Kafka einen Text, den Max Brod erst aus dem Nachlass veröffentlicht. Er gibt ihm den Titel »Heimkehr«:

Ich bin zurückgekehrt, ich habe den Flur durchschritten und blicke mich um. Es ist meines Vaters alter Hof. Die Pfütze in der Mitte. Altes unbrauchbares Gerät in einander verfahren verstellt den Weg zur Bodentreppe. Die Katze lauert auf dem Geländer. Ein zerrissenes Tuch einmal im Spiel um eine Stange gewunden hebt sich im Wind. Ich bin angekommen. Wer wird mich empfangen? Wer wartet hinter der Tür der Küche? Rauch kommt aus dem Schornstein, der Kaffee zum Abendessen wird gekocht. Ist Dir heimlich, fühlst Du Dich zuhause? Ich weiß es nicht, ich bin sehr unsicher. Meines Vaters Haus ist es, aber kalt steht Stück neben Stück als wäre jedes mit seinen eigenen Angelegenheiten beschäftigt, die ich teils vergessen habe teils niemals kannte. Was kann ich ihnen nützen, was bin ich ihnen und sei ich auch des Vaters, des alten Landwirts Sohn. Und ich wage nicht an der Küchentür zu klopfen, nur von der Ferne horche ich stehend, nicht so daß ich als Horcher überrascht werden könnte. Und weil ich von der Ferne horche, erhorche ich nichts, nur einen leichten Uhrenschlag höre ich oder glaube ihn vielleicht nur zu hören herüber aus den Kindertagen. Was sonst in der Küche geschieht ist das Geheimnis der dort Sitzenden, das sie vor mir wahren. Je länger man vor der Tür zögert, desto fremder wird man. Wie wäre es wenn jetzt jemand die Tür öffnete und mich etwas fragte. Wäre ich dann nicht selbst wie einer der sein Geheimnis wahren will.

Darf das noch als eine Variante des Gleichnisses gelten, wie es bei Lukas steht? Für ein Verständnis Franz Kafkas ist diese Frage von grundlegender Bedeutung, denn Max Brod, der Nachlassverwalter und erste Herausgeber seiner Werke, hat sie theologisch ausgelegt und damit eine Tradition geschaffen. Früh wurde gegen Brods Deutung Einspruch erhoben, aber immer hatte sie auch ihre Anhänger. Der Versuch einer Antwort muss auf die Abweichungen achten, die Kafkas Text von der biblischen Vorlage unterscheiden.

Schon bei Rilke war ein Perspektivenwechsel zu beobachten, der das Verfügungsrecht des Vaters beschnitt und es dem jüngeren Sohn gestattete, sein Schicksal selbst zu bestimmen. Bei Lukas steht es anders: Der Sohn hat sein Erbe verprasst, er sieht seine Schuld ein, verzichtet auf alle Privilegien und will sich bei seinem Vater als Tagelöhner verdingen. »Aber der Vater«, so heißt es, »sprach zu seinen Knechten: Bringt schnell das beste Kleid hervor und tut es ihm an und gebet ihm einen Fingerreif an seine Hand und Schuhe an seine Füße und bringt das Kalb, das wir gemästet haben, und schlachtet's; lasset uns essen und fröhlich sein!« (Lk 15,22–23)

Als der ältere Sohn von der Feldarbeit kommt, ist das Fest bereits in vollem Gange, und er beklagt sich über die väterliche Ungerechtigkeit; der Hausherr aber begründet sein Verhalten mit der Freude über den schon tot geglaubten und nun wiedergefundenen Sohn. Traditionelle Exegeten sehen hierin die Zeichen göttlicher Liebe, doch gerade gegen sie wehrt sich bei Rilke der jüngere Sohn, denn in seiner Liebe wird der Vater zum Tyrannen über die Kinder. Der jüngere Sohn des biblischen Gleichnisses, der ein Tagelöhner des Vaters werden wollte, kommt nicht mehr zu Wort, und während das Fest schon beginnt, arbeitet der ältere Sohn noch auf den Feldern, als gehöre er nicht zur Familie. Es ist eine Verquickung von Liebe und Despotie, die sich noch in Lessings Ringparabel beobachten lässt; sie hat ihre Wurzeln in der biblischen Gleichsetzung von Vater und Gott. Der monotheistische Schöpfer der Welt ist ein unbeschränkter Alleinherrscher, die Schattenseiten seiner Allmacht kehren im Patriarchen der Familie wieder.

Was ist von diesem Gleichnis bei Kafka übrig geblieben? Hatte schon Rilke den Standpunkt des jüngeren Sohnes eingenommen, so erfährt dies jetzt eine Zuspitzung – die Beschreibung der Heimkehr wird zu einem inneren Monolog, und der bei Lukas so redselige Vater schweigt nicht nur, er ist abwesend. Dass es hier überhaupt Menschen gibt, wird am Rauch aus dem Schornstein ersichtlich, doch die Schlussfolgerung des Sohnes – »der Kaffee zum Abendessen wird gekocht« – ist bereits Spekulation. Er sieht nicht, wer in der Küche sitzt, kann daher nicht sicher sein, dass die einstigen Gepflogenheiten noch gelten, und er weiß es selbst: »nur einen leichten Uhrenschlag höre ich oder glaube ihn vielleicht nur zu hören herüber aus den Kindertagen.« Ob er die Uhr in der Wirklichkeit hört oder in der Erinnerung, bleibt zweifelhaft, in ihrem Schlag hallt die vergangene Zeit nach, die alles ins Ungewisse taucht.

In seinen Blick treten keine Menschen, sondern nur der leere Hof. An der »Pfütze in der Mitte« erkennt er ihn wieder, vielleicht war er schon in seiner Kindheit verwahrlost, vielleicht stand auch damals schon das Regenwasser in seinen Mulden. Es ist das Haus seines Vaters, aber »kalt steht Stück neben Stück als wäre jedes mit seinen eigenen Angelegenheiten beschäftigt«. Immer haben bürgerliche Künstler die Häuslichkeit der Familie in Interieurs verwandelt, Kafka jedoch stellt alles als »unbrauchbares Gerät« auf den Hof hinaus und fasst die Entfremdung, auf die auch Rilke zielte, ins Bild einer Obdachlosigkeit, in der eine lauernde Katze bereits die Verwilderung anzeigt.

Es muss nicht immer so gewesen sein. Das Tuch, »im Spiel um eine Stange gewunden«, war einmal vielleicht die Fahne, mit der die Spielenden etwas hochhalten wollten, aber jetzt hängt es zerrissen im Wind. Der scheinbar Heimgekehrte weiß nicht mehr, ob er sich hier »zuhause« fühlt, und die Entfremdung, die bei Rilke noch der Triumph des Sohnes war, schlägt ins Gegenteil um. Kafka gestaltet eine Szene, die diejenige in den *Aufzeichnungen des Malte Laurids Brigge* an Ambivalenz übertrifft. »Und ich wage nicht an der Küchentür zu klopfen, nur von der Ferne horche ich stehend«: Der Satz bezeichnet die Wende des Textes, denn er scheint einzuleiten, was bislang hinausgezögert wurde – die Begegnung mit dem Vater.

Doch diese Begegnung findet nicht statt. Was hinter der Küchentür vorgeht, bleibt dem Sprecher verborgen – es ist »das Geheimnis der dort Sitzenden, das sie vor mir wahren« –, und schon der nächste Satz zeigt die Entfernung zwischen ihm und seiner »Familie«, stellt infrage, ob er wirklich heimgekehrt ist und ob Brod hier den richtigen Titel gewählt hat. »Je länger man vor der Tür zögert, desto fremder wird man«: Das zentrale Wort des Textes, »ich«, wird zum unpersönlichen »man«, der Sprecher wird sich nun selbst ein Fremder.

Das machen die letzten Sätze der Szene deutlich. »Wie wäre es«, heißt es, »wenn jetzt jemand die Tür öffnete und mich etwas fragte.« Wer aber wäre dieser Jemand? Wäre es nicht der Vater oder zumindest einer der Verwandten, erkennte er den Mann unweit der Küchentür nicht wieder, freute er sich nicht über dessen Rückkehr, wie Lukas es uns verspricht? Kafka verschweigt uns die Antwort. »Wäre ich dann nicht selbst wie einer der sein Geheimnis wahren will«: Spätestens hier müsste er sich zu erkennen geben, ich bin der verlorene Sohn, müsste er sagen – aber er sagt es nicht.

Legt man das Maß des biblischen Gleichnisses an Kafkas Szene, so öffnet sich eine Kluft zwischen ihr und der Heiligen Schrift. Sie zeigt, wie weit Kafka – und mit ihm viele andere Autoren seit der Jahrhundertwende – von aller Verheißung entfernt ist, und sie deutet zugleich auf einen Kernpunkt in seinem Werk. Ein Zeitgenosse der Expressionisten, nimmt auch er immer wieder das Vater-Sohn-Sujet auf, ohne jedoch zur Revolte zu gelangen, die seiner Schriftstellergeneration vorschwebt. Der Text zeigt die Unlösbarkeit eines Lebensproblems. Er gehört zu seinen letzten – entstanden ist er, wie schon gesagt, im Winter 1923/24, und wenige Monate später wird Kafka sterben.

Mancher unter seinen ersten Lesern hat ihn der Bewegung des Expressionismus zugeordnet, und dieser Irrtum ist nicht unbegründet. 1883 geboren, ist Kafka gleichaltrig mit den Dichtern, die im Jahrzehnt des Ersten Weltkriegs hervortreten, und auch er, wie viele von ihnen, gehört zu den Autoren des Kurt Wolff Verlags in Leipzig. Dennoch ist diese Zuordnung Ergebnis einer optischen Täuschung – der Aufbruch, den die Expressionisten zu gestalten versuchten, hat bei Kafka niemals stattgefunden, und schon deshalb ist es fragwürdig, ob man das Geschehen des späten Textes, den wir eben betrachtet haben, als eine Heimkehr bezeichnen darf.

Verfolgt man Kafkas gescheiterte Bemühungen, eine Ehe einzugehen, tritt die Bewegungslosigkeit seines Lebens deutlich zutage. Die Berliner Jüdin Felice Bauer lernt er 1912 kennen, er verlobt sich zweimal, 1914 und 1917, mit ihr, löst aber beide Verlobungen nach wenigen Monaten wieder auf. Die unglückliche Beziehung ist in den zahllosen *Briefen an Felice* dokumentiert, sie füllen einen Band von 800 Seiten und begleiten die Prosa dieser fruchtbaren Zeit wie ein Schatten. Zunächst schreibt Kafka seine Werke in direkter Beziehung zu Felice: *Das Urteil,* die erste Erzählung, die er gelten lässt, entsteht im September 1912 und ist ihr gewidmet, in der zweiten

Jahreshälfte 1914 reagiert er auf den Schock der Entlobung mit dem Roman *Der Proceß*. Zu Beginn des Krieges, als sein Schwager zum Militärdienst kommandiert wird und seine älteste Schwester mit den Kindern wieder nach Hause kommt, zieht er aus dem Elternhaus aus, doch gerade jetzt verliert die Beziehung an Intensität. Er weiß, dass sie nicht heiraten werden, und die späteren Erzählungen des Zyklus *Ein Landarzt* wie auch die Texte in den Oktavheften haben mit Felice nur noch wenig zu tun.

Kafkas gespanntes Verhältnis zu seinem Vater ist bekannt, sein eheloses Leben wurde des Öfteren psychoanalytisch gedeutet. Eine historische Einordnung ist jedoch weniger an den privaten als an den sozialen Aspekten dieser Existenz interessiert, sie muss den Blick auf das Bürgertum richten, das seit Heines Zeiten politisch kaum Fuß gefasst hatte und lange vor der Jahrhundertwende in die Krise geraten war. Nicht nur im deutschen Sprachraum, auch in anderen Ländern Europas registrierte man die Verfallserscheinungen des Dritten Standes: In England bekam der junge Charles Dickens schon im frühen 19. Jahrhundert die Folgen des Kapitalismus zu spüren, in Frankreich nahmen Flaubert und Baudelaire die Bourgeoisie aufs Korn, um nur wenige Beispiele zu nennen. Seit der Jahrhundertwende war das bereits Tradition, kehrte bei August Strindberg und Arthur Schnitzler, bei Marcel Proust und Virginia Woolf in den Bildern eines Niedergangs wieder.

Thomas Mann hat den Gegensatz von Bürger und Künstler in der deutschen Literatur festgeschrieben, und im Vergleich zu ihm wird sichtbar, was Kafka von vielen Schriftstellern seiner Zeit unterscheidet. Mann – wie auch die eben genannten Autoren und die Mehrzahl der Expressionisten – gehörte dem Bürgertum an und trug den inneren Konflikt, den die soziale Zugehörigkeit ihm aufbürdete, in seinem Werk aus. Er sah die Mängel und Schwächen des Bürgertums, aber er verteidigte es zugleich. Im Streit zwischen Thomas und Christian stand er auf der Seite des Bürgers, er gab dem Herrn des Hauses Buddenbrook nicht zufällig den eigenen Namen.

Bei Kafka verhält es sich anders. Er verteidigt das Bürgertum nicht wie Thomas Mann es tut, er klagt es nicht an wie Charles Dickens, er verachtet es nicht wie Flaubert – er bleibt ihm innerlich fremd. Die Regeln des Standes, in den sich seine aus der Provinz stammenden jüdischen Eltern mühsam hinaufgearbeitet haben, werden ihm nicht zur Natur, die bürgerlichen Rituale sind ihm ohne Bedeutung. In der Welt, die er schreibend gestaltet, haben sie keinen Ort.

Baudelaire und Oscar Wilde, Rilke, James Joyce oder Proust: Oft standen die Autoren der Moderne am Rand der Gesellschaft, oft auch jenseits ihrer normativen Grenzen, doch selten hat die bürgerliche Wirklichkeit eine so radikale Verfremdung erfahren wie bei Kafka. Die Antworten, die Felice Bauer ihm geschickt hat, sind nicht erhalten, aber zuweilen lässt sich aus seinen Briefen erkennen, welche »Vernunft« sie Kafka ans Herz legt. »Deine Annahmen sind, glaube mir, Felice, nicht richtig«, schreibt er am 26. Juni 1913 und deutet ihr früh in der Beziehung an, dass sie mit einem solchen Bräutigam nicht hoffen darf, eine Familie zu gründen. »Mein Verhältnis zum Schreiben und mein Verhältnis zu den Menschen ist unwandelbar und in meinem Wesen, nicht in den zeitweiligen Verhältnissen begründet. Ich brauche zu meinem Schreiben Abgeschiedenheit, nicht ›wie ein Einsiedler‹, das wäre nicht genug, sondern wie ein Toter.

Schreiben in diesem Sinne ist ein tieferer Schlaf, also Tod, und so wie man einen Toten nicht aus seinem Grabe ziehen wird und kann, so auch mich nicht vom Schreibtisch in der Nacht.«

Die »Nacht« seines Schreibens ist wörtlich gemeint. Schon *Das Urteil* war so entstanden – in einer Nacht, während im Elternhaus alle schliefen – und Kafka hatte sich das angewöhnt: Am frühen Nachmittag, wenn er von seiner Arbeit als Jurist in der Arbeiter-Unfall-Versicherung nach Hause kam, legte er sich zu Bett und stand erst gegen Abend wieder auf, um die Nächte durchzuschreiben, soweit Inspiration und Kraft es ihm erlaubten. Er entzog sich dem bürgerlichen Leben und erschuf seine eigene Welt – warum aber ist ihm sein Schreibtisch, für den er alles zu opfern bereit ist, wie das Grab eines Toten?

Wollte er Felice abschrecken, stand er einer Ehe so zwiegespalten gegenüber, dass er sich als unzugänglich ausgab, um sie von sich fernzuhalten? Solche Deutung ist nicht abwegig, und in zahlreichen Briefen warnt er sie davor, einen Mann zu heiraten, dessen Schreibtisch unantastbar ist. Aber das Todesmotiv greift tiefer, und auch ohne Bezug auf Felice stellt Kafka sein Schreiben als Selbstopferung dar. »Als es in meinem Organismus klar geworden war«, heißt es im Tagebuch am 3. Januar 1912, acht Monate vor der Begegnung mit ihr, »daß das Schreiben die ergiebigste Richtung meines Wesens sei, drängte sich alles hin und ließ alle Fähigkeiten leer stehn, die sich auf die Freuden des Geschlechtes, des Essens, des Trinkens, des philosophischen Nachdenkens der Musik zu allererst richteten. Ich magerte nach allen diesen Richtungen ab. Das war notwendig, weil meine Kräfte in ihrer Gesamtheit so gering waren, daß sie nur gesammelt dem Zweck des Schreibens halbwegs dienen konnten.« Die Askese, physisch und geistig, steht im Dienst der Kunst, und sie wird zu seinem Martyrium. »Nur die Nächte mit Schreiben durchrasen, das will ich«, heißt es am 13. Juli 1913 an Felice. »Und daran zugrundegehn oder irrsinnig werden, das will ich auch, weil es die notwendige längst vorausgefühlte Folge dessen ist.«

Ist es ein Todeswunsch, der hier zum Ausdruck gelangt? In den Briefen und Tagebüchern finden sich Selbstmordgedanken nur selten, sie bleiben zumeist latent, aber als 1917 seine Tuberkulose ausbricht, wird Kafka explizit. Er »werde nicht mehr gesund werden«, schreibt er Anfang Oktober an Felice und nimmt die Gelegenheit wahr, sich nun endgültig von ihr zu trennen. »Eben weil es keine Tuberkulose ist, die man in den Liegestuhl legt und gesund pflegt, sondern eine Waffe, deren äußerste Notwendigkeit bleibt, solange ich am Leben bleibe. Und beide können nicht am Leben bleiben.«

Kafka neigte nicht zum Suizid, aber die Spuren der Selbstzerstörung sind überall zu verfolgen. Keinen der drei Romane hat er drucken lassen oder auch nur abgeschlossen, und seinen Nachlass vertraute er Max Brod nicht zur Veröffentlichung, sondern zur Vernichtung an. Ein Detail wie das Todesmotiv lässt erkennen, wie wenig man diesem einen eindeutigen Sinn zuschreiben darf, weder in Kafkas Biografie noch in seinen Texten. Nur als ein Symptom ist das Motiv zu lesen, wie es etwa 1912 in Thomas Manns Novelle *Der Tod in Venedig* aufscheint, oder 1919 in dem Todestrieb, um den Sigmund Freud sein psychoanalytisches Menschenbild erweitert: Es gehört zu Kafkas Eigenschaften, dass er in seinem Werk die Zeichen der Zeit bündelt und sie dem Leser entgegenhält, ohne ihnen einen Schlüssel beizugeben.

Dem Todesmotiv werden wir noch öfter begegnen, und selbst *Heimkehr*, dem späten Nachlasstext, ist es auf eine verborgene Weise eingeschrieben. Liest man diesen als eine Variante des Gleichnisses vom verlorenen Sohn, so steht er der biblischen Verheißung diametral entgegen. »Du solltest aber fröhlich und guten Mutes sein«, belehrt der Vater am Ende des Gleichnisses seinen älteren Sohn, »denn dieser dein Bruder war tot und ist wieder lebendig geworden, er war verloren und ist wiedergefunden.« (Lk 15,32) Der verlorene Sohn ist von den Toten auferstanden, Lukas verspricht dem Gläubigen das ewige Leben, in das er eintritt, wenn er heimkehrt zu seinem Vater, und noch in der Mitte des 19. Jahrhunderts kann der sterbende Heinrich Heine sich in dieser Auferstehung spiegeln. »Ja, ich bin zurückgekehrt zu Gott«, schreibt er im Nachwort zum *Romanzero,* »wie der verlorene Sohn, nachdem ich lange bei den Hegelianern die Schweine gehütet.« – Das ist ironisch, aber es steht noch in der Tradition.

Beim sterbenden Kafka steht es anders. Kein Mensch empfängt den Rückkehrer, der das Haus seines Vaters betritt, er wagt es nicht einmal, sich der Küchentür zu nähern, hinter der die Familie ihr Geheimnis wahrt. Keine Stimmen sind zu hören, nur ein zweifelhafter Uhrenschlag, und er stellt sich vor, wie die Tür sich öffnet, wie ihn jemand etwas fragt – und wie er keine Antwort geben wird. »Wäre ich dann nicht selbst wie einer der sein Geheimnis wahren will.« Der Verlorene hüllt sich in Schweigen, der Tote verweigert die Auferstehung.

Seine Berufung zum Schriftsteller hat Kafka wohl niemals tiefer empfunden als in der Nacht vom 22. zum 23. September 1912, in der die Erzählung *Das Urteil* entstand. »Die fürchterliche Anstrengung und Freude«, schreibt er am folgenden Abend ins Tagebuch, »wie sich die Geschichte vor mir entwickelte wie ich in einem Gewässer vorwärtskam. Mehrmals in dieser Nacht trug ich mein Gewicht auf dem Rücken.« Es sind merkwürdige Worte, mit denen er seine Gefühle wiedergibt. Sie muten wie die Bilder einer Geburt an, in der Kafka sich selbst zur Welt bringt, und einige Monate später, im Februar 1913, wiederholt er es ganz deutlich. Aus der Totengruft seines Schreibens lässt er diesmal nicht den Autor, sondern den Text zum Leben erwachen: »die Geschichte ist wie eine regelrechte Geburt mit Schmutz und Schleim bedeckt aus mir herausgekommen.«

Kafka tritt eine symbolische Vaterschaft an und bezeichnet *Das Urteil* damit als die Durchbruchstelle, an der er seinen literarischen Weg gefunden hat. Spiegelbildlich reflektiert diese Symbolik den Inhalt der Erzählung, denn hier, schärfer als in jedem anderen seiner Texte, wird die Begegnung von Vater und Sohn dargestellt, die es in *Heimkehr* nicht mehr geben wird.

An einem Sonntagvormittag, an dem die Geschäfte ruhen, denkt Georg Bendemann, ein seit Kurzem verlobter junger Kaufmann, über die bevorstehende Hochzeit nach. Alles steht zum Besten, noch lebt er mit seinem seit zwei Jahren verwitweten Vater im gleichen Haushalt, aber Georg hatte nun, »so wie alles andere, auch sein Geschäft mit größerer Entschlossenheit angepackt. Vielleicht war der Vater seit dem Tode der Mutter, trotzdem er noch immer im Geschäft arbeitete, zurückhaltender geworden [...], jedenfalls aber hatte sich das Geschäft in diesen zwei Jahren ganz unerwartet entwickelt. Das Personal hatte man verdoppeln müssen, der Umsatz sich verfünffacht, ein weiterer Fortschritt stand zweifellos bevor.« Georg Bendemann zieht seine bürgerliche Bilanz, und sie fällt erfreulich aus. Die euphorischen Zahlenspiele haben freilich einen ironischen Klang. Bedenkt man, dass Kafka zwei Tage zuvor, am 20. September 1912, seinen ersten Brief an Felice Bauer gerichtet hat – dass also vielleicht auch er, wie sein Kaufmann, schon an eine Hochzeit denkt –, so mag darin eine gewisse Selbstironie liegen. Aber sie ist bitter, und in der Geschichte, die nun folgt, wird sie sich dunkel färben.

Soeben hat Bendemann einen Brief beendet, seine Gedanken kommen ihm, während er ihn »in spielerischer Langsamkeit« verschließt und dabei aus seinem Parterrefenster schaut, »auf den Fluß, die Brücke und die Anhöhen am anderen Ufer«. Wir hören, dass er an einen Jugendfreund geschrieben hat, der seit Langem im fernen, revolutionären Russland lebt und dort ein schlecht gehendes Geschäft betreibt; dass er in den letzten Jahren völlig vereinsamt ist und kaum noch Kontakt zur Heimat hat; dass Georg ihm daher in früheren Briefen sein Glück verbergen musste, das Schweigen aber jetzt gebrochen hat und dabei allen Takt walten lässt. »Ich weiß«, steht in dem Brief, »es hält Dich vielerlei von einem Besuche bei uns zurück. Wäre aber nicht gerade meine Hochzeit die richtige Gelegenheit, einmal alle Hindernisse über den Haufen zu werfen? Aber wie dies auch sein mag, handle ohne alle Rücksicht und nur nach Deiner Wohlmeinung.«

Ob das einer Einladung gleichkommt oder einer Ausladung, muss nach allem, was wir über den Freund vernommen haben, dahingestellt bleiben. Kafka hat das erste Drittel der Erzählung geschrieben und einen Wendepunkt erreicht, er gibt die Perspektive Georgs für einen Augenblick auf. Es ist die Stimme des Erzählers, die nun einsetzt:

Mit diesem Brief in der Hand war Georg lange, das Gesicht dem Fenster zugekehrt, an seinem Schreibtisch gesessen. Einem Bekannten, der ihn im Vorübergehen von der Gasse aus gegrüßt hatte, hatte er kaum mit einem abwesenden Lächeln geantwortet.
Endlich steckte er den Brief in die Tasche und ging aus seinem Zimmer quer durch einen kleinen Gang in das Zimmer seines Vaters, in dem er schon seit Monaten nicht gewesen war.

Wer ist der Freund, an den er schreibt, oder anders gefragt: An wen ist dieser Brief gerichtet? Liest man die Erzählung auf der biografischen Ebene, wie es die gleichzeitig angeknüpfte Verbindung zu Felice Bauer nahelegt, so scheint Kafka hier – da er sich anschickt, eine eheliche Verbindung ins Auge zu fassen – den Abschied von dem eingefleischten Junggesellen in sich selbst zu proben. Das ist nicht leicht für ihn, denn damit muss er auf die Einsamkeit verzichten, von der seine Kunst abhängt. Während der Niederschrift der Erzählung, die ihn erstmals das volle Glück des Schreibens genießen lässt, kommt ihm dies schmerzlich zu Bewusstsein, und das »abwesende Lächeln« Georg Bendemanns, der den Bekannten auf der Gasse kaum wahrnimmt, mag ein Ausdruck dafür sein: Nicht aus dem Fenster hat er geblickt, sondern in sein Inneres, auf den »Jugendfreund«, der auch ein Teil seines Ichs ist.

Doch der Abgrund der eigenen Seele, der sich hinter Georgs scheinbarer Sorge um den Freund auftut, ist tief. Die Reihe seiner Gedanken bricht plötzlich ab. Mit dem Brief in der Tasche geht er zum Vater, es ist der von außen auf Georg blickende Erzähler, der den Richtungswechsel beobachtet – aber ist es tatsächlich ein Richtungswechsel? Der in Russland lebende Freund ist fern, Georgs Hochzeit betrifft ihn nur indirekt, den Vater indessen, von dem er das Geschäft übernommen hat und mit dem er den Haushalt teilt, geht die Hochzeit seines

Sohnes ganz entschieden an. Waren Georgs Gedanken um den Freund vielleicht nur der Vorwand, hinter dem sich auf einer tieferen Ebene der Vater verbarg? Kafka selbst bestätigt diese Vermutung, als er einige Monate später, am 11. Februar 1913, im Tagebuch notiert:

> Der Freund ist die Verbindung zwischen Vater und Sohn, er ist ihre größte Gemeinsamkeit. Allein bei seinem Fenster sitzend wühlt Georg in diesem Gemeinsamen mit Wollust, glaubt den Vater in sich zu haben und hält alles bis auf eine flüchtige traurige Nachdenklichkeit für friedlich. Die Entwicklung der Geschichte zeigt nun, wie aus dem Gemeinsamen, dem Freund, der Vater hervorsteigt und sich als Gegensatz Georg gegenüber aufstellt [...].

Folgen wir Kafkas eigener Deutung, so ist das Schreiben zugleich an den Freund und an den Vater gerichtet, und der Gang ins Nebenzimmer bezeichnet eine scheinbar konsequente Entwicklung: Georg wendet sich jetzt an seinen zweiten Adressaten. Erstaunlich ist nur, dass er den Brief schon verschlossen hat, denn das angebliche Dreiecksverhältnis ließe erwarten, dass er ihn seinem Vater erst vorliest, bevor er ihn abschickt. In dem versteckten Indiz wirft der Schreck, dem Georg nun entgegengeht, bereits seine Schatten voraus.

Die Erzählung spielt an einem hellen Frühlingstag, aber der Raum, in den er eintritt, ist dunkel. Die Atmosphäre verändert sich. Die im ersten Drittel des Textes waltende Zuversicht weicht einer Drohung, sie lässt sich an den Größenverhältnissen der Figuren ablesen, die nun miteinander in Beziehung treten. Der Vater, scheinbar erfreut, kommt auf den Sohn zu, und Kafka schreibt: »Sein schwerer Schlafrock öffnete sich im Gehen, die Enden umflatterten ihn – ›mein Vater ist noch immer ein Riese‹, dachte sich Georg.« Ist der Vater wirklich so groß, oder hat Georg ein Déjà-vu-Erlebnis, sieht er seinen Vater mit den Augen des Kindes, das er einmal gewesen ist und dem er damals wie ein Riese erschien? Deutet sich hier ein Rollentausch an, wird der Geschäftsherr, der eben noch die Bilanz seiner Erfolge zog, wieder zum Kleinen, der zu seinem Vater aufschaut? Georg scheint es zunächst nicht ertragen zu können, von oben auf den alten Mann herabzublicken. Einmal steht er auf, während der Vater auf seinem Sessel sitzen bleibt, und gleich darauf lesen wir:

Georg stand knapp neben seinem Vater, der den Kopf mit dem struppigen weißen Haar auf die Brust hatte sinken lassen.

»Georg«, sagte der Vater leise, ohne Bewegung.

Georg kniete sofort neben dem Vater nieder, er sah die Pupillen in dem müden Gesicht des Vaters übergroß in den Winkeln der Augen auf sich gerichtet.

Georg macht sich klein, und seine Körpersprache scheint eindeutig zu sein, aber wie weit sie ihm bewusst wird, ist schwer zu entscheiden. Zugleich gibt es eine Gegenbewegung, in der Georg nicht als »Kind«, sondern als »Vater« agiert. Der alte Mann erscheint ihm plötzlich der Pflege bedürftig, er will ihn zu Bett bringen, zieht ihn aus und fasst den Entschluss, ihn in sein neues Haus mitzunehmen: »Es schien ja fast, wenn man genauer zusah, daß die Pflege, die dort dem Vater bereitet werden sollte, zu spät kommen könnte.« Das schlechte Gewissen des Sohnes ist ambivalent, in seine Sorge um den Vater mischt sich der Wunsch, dass er nicht mehr lange leben möge, und schließlich behandelt er ihn wie einen Säugling:

Auf seinen Armen trug er den Vater ins Bett. Ein schreckliches Gefühl hatte er, als er während der paar Schritte zum Bett hin merkte, daß an seiner Brust der Vater mit seiner Uhrkette spiele. Er konnte ihn nicht gleich ins Bett legen, so fest hielt er sich an dieser Uhrkette.

Es gehört zu Kafkas Kunst, dass er die konkreten Gegenstände der Wirklichkeit mühelos in Symbole zu verwandeln weiß. Die Kette ist ein Teil der Taschenuhr, im Bürgertum der Jahrhundertwende gehörte sie zu den Insignien des Hausherrn und war das Erbstück, das auf den Sohn, seinen Nachfolger überging. Als der Vater mit der Kette spielt, übernimmt er die kindliche Rolle, in die Georg ihn gedrängt hat, zugleich aber erinnert er ihn daran, dass das Erbe, das er sich anmaßt, keineswegs gesichert ist, ja dass im Gegenteil, wie die Fortsetzung zeigen wird, die Zeit des Sohnes abzulaufen beginnt. Georg legt den Vater zu Bett – und dann kommt die Wende:

»Bin ich jetzt gut zugedeckt?« fragte der Vater, als könne er nicht nachschauen, ob die Füße genug bedeckt seien.

»Es gefällt dir also schon im Bett«, sagte Georg und legte das Deckzeug besser um ihn.

»Bin ich gut zugedeckt?« fragte der Vater noch einmal und schien auf die Antwort besonders aufzupassen.

»Sei nur ruhig, du bist gut zugedeckt.«

»Nein!« rief der Vater, daß die Antwort an die Frage stieß, warf die Decke zurück mit einer Kraft, daß sie einen Augenblick im Fluge sich ganz entfaltete, und stand aufrecht im Bett. Nur eine Hand hielt er leicht an den Plafond. »Du wolltest mich zudecken, das weiß ich, mein Früchtchen, aber zugedeckt bin ich noch nicht. Und ist es auch die letzte Kraft, genug für dich, zuviel für dich!«

Wie schon im Spiel mit der Uhrkette ist Kafkas Symbolik auch hier performativ. Der alte Mann führt vor, was im Nebensinn der Worte angelegt ist: Georg deckt nicht nur den Körper seines Vaters zu, sondern auch den Todeswunsch, der sich in dieser Handlung verbirgt; jetzt, im Gegenzug, deckt der Vater das Verborgene auf, im Bett stehend wird er bis zum Ende der Erzählung den Sohn überragen und damit den phallischen Charakter der Szene unterstreichen. »Häng dich nur in deine Braut ein und komm mir entgegen!« sagt er bald darauf zu Georg. »Ich fege sie dir von der Seite weg, du weißt nicht wie!« Es ist ein Kampf auf Leben und Tod, der hier geführt wird, und am Ende spricht der Vater es aus. »Ich verurteile dich jetzt zum Tode des Ertrinkens!« Mit diesen Worten jagt er Georg aus dem Zimmer, und auf der Flussbrücke vollstreckt der Sohn das Urteil an sich selbst.

Kafkas Erzählung ist nicht der einzige Text der deutsch-jüdischen Literatur aus dieser Zeit, in dem der Vater als ein gnadenloser Despot erscheint. Von *Totem und Tabu* war schon die Rede: Freud schreibt die vier Teile der Abhandlung in den Jahren 1912–1913, und die gleichzeitige, voneinander völlig unabhängige Entstehung beider Werke deutet an, dass zwei Autoren hier ein gemeinsames Generationenproblem behandeln und es dennoch ganz unterschiedlich wahrnehmen. *Totem und Tabu* und *Das Urteil* stehen sich diametral gegenüber – bei Freud bringen die Söhne den Vater um, bei Kafka ist es umgekehrt.

In beiden Texten geht es um das sexuelle Prärogativ des Vaters. Bei Freud wird das ausdrücklich gesagt – der Vater der Urhorde hält alle Weibchen unter Beschlag –, und auch in Kafkas Erzählung missgönnt der Vater seinem Sohn die Frau, die er zu heiraten gedenkt. In *Totem und Tabu* siegen die Söhne, weil sie sich gegen den Despoten zusammenschließen. Muss dagegen bei Kafka sich der Sohn unterwerfen, weil er dem Vater allein gegenübersteht?

Das ist eine entscheidende Frage, die uns im *Urteil* entgegentritt. Nach allem, was wir hören, scheint Georg ein Einzelkind zu sein, von einem Bruder oder einer Schwester ist jedenfalls nirgends die Rede – und dennoch ist er in seiner Begegnung mit dem Vater keineswegs allein. Mit dem Jugendfreund bleibt eine dritte Figur im Blick, die zwar niemals leibhaft auf die Bühne tritt, die aber immer gegenwärtig ist: zu Beginn der Erzählung als Adressat des Briefes, im dunklen Zimmer dann als der geheime Kern der Auseinandersetzung zwischen Vater und Sohn. Im oben zitierten Tagebuch macht Kafka auf ihre zentrale Rolle aufmerksam – der Freund begleitet alle Phasen der Konfrontation.

Bald nach seinem Eintritt ins Zimmer erwähnt Georg den Brief, den er eben beendet hat. Der Vater scheint darauf zunächst nicht einzugehen, er äußert sich unzufrieden über die jüngsten Entwicklungen im Geschäft. Dann, ganz unvermittelt, kommt er auf den Brief zurück:

»Aber weil wir gerade bei dieser Sache sind, bei diesem Brief, so bitte ich dich Georg, täusche mich nicht. Es ist eine Kleinigkeit, es ist nicht des Atems wert, also täusche mich nicht. Hast du wirklich diesen Freund in Petersburg?«

Georg stand verlegen auf. »Lassen wir meine Freunde sein. Tausend Freunde ersetzen mir nicht meinen Vater. Weißt du, was ich glaube? Du schonst dich nicht genug.«

Georg versucht der unerwarteten Frage auszuweichen, er bringt die Gesundheit des Vaters ins Spiel, macht sich vorgeblich Sorgen um sie. Er kniet neben dem Sessel des Vaters nieder, aber der alte Mann, die Pupillen auf den Sohn gerichtet, lässt nicht locker:

»Du hast keinen Freund in Petersburg. Du bist immer ein Spaßmacher gewesen und hast dich auch mir gegenüber nicht zurückgehalten. Wie solltest du denn gerade dort einen Freund haben! Das kann ich gar nicht glauben.«

»Denk doch noch einmal nach, Vater«, sagte Georg, hob den Vater vom Sessel und zog ihm, wie er nun doch recht schwach dastand, den Schlafrock aus, »jetzt wird es bald drei Jahre her sein, da war ja mein Freund bei uns zu Besuch. Ich erinnere mich noch, daß du ihn nicht besonders gern hattest. Wenigstens zweimal hab ich ihn vor dir verleugnet, trotzdem er gerade bei mir im Zimmer saß.«

Vor drei Jahren noch, so stellt Georg es dar, bestand ein Bündnis zwischen den jungen Männern. Der Freund, zu Besuch gekommen aus dem revolutionären Russland, erregt den Unwillen des Vaters, und beide bilden eine Koalition gegen ihn. So wirkt es wenigstens, aber der Anschein trügt. Während Georg diese Erinnerung beschwört, zieht er den Vater aus, trägt ihn ins Bett, deckt ihn zu – und der Vater wirft die Decke ab, steht aufrecht im Bett, holt zum Gegenschlag aus:

»Wohl kenne ich deinen Freund. Er wäre ein Sohn nach meinem Herzen. Darum hast du ihn auch betrogen die ganzen Jahre lang. Warum sonst? Glaubst du, ich habe nicht um ihn geweint? Darum doch sperrst du dich in dein Bureau, niemand soll stören, der Chef ist beschäftigt – nur damit du deine falschen Briefchen nach Rußland schreiben kannst. Aber den Vater muß glücklicherweise niemand lehren, den Sohn zu durchschauen.«

Das Blatt hat sich gewendet. Nicht der Sohn, sondern der Vater verbündet sich mit dem Freund, aber wie haben wir das zu verstehen, wovon ist hier die Rede, von welchen »falschen Briefchen«, die Georg in seinem Bureau nach Russland geschrieben haben soll? Der Vater meint damit alles, was dem Brief vorausgegangen ist, der nun in Georgs Tasche liegt, die gesamte jahrelange Korrespondenz nach Petersburg, in der Georg seinen wahren Plan verheimlicht hat – zu heiraten. Das ist der »Betrug«, den der Vater ihm unterstellt, deshalb ergreift er die Partei des Freundes und behauptet jetzt, »um ihn geweint« zu haben, er nennt ihn einen »Sohn nach meinem Herzen«: Anders als Georg sei er der Junggeselle geblieben, den dieser Vater sich zum Nachkommen wünscht.

Aufrecht im Bett stehend, feiert der Vater seinen Triumph. »Aber der Freund ist nun doch nicht verraten!« ruft er daraufhin aus. »Ich war sein Vertreter hier am Ort.« Und höhnisch eröffnet er Georg, dass der

Brief, den er an diesem Morgen geschrieben hat, längst überflüssig ist:

»Er weiß doch alles, dummer Junge, er weiß doch alles! Ich schrieb ihm doch, weil du vergessen hast, mir das Schreibzeug wegzunehmen. Darum kommt er schon seit Jahren nicht, er weiß ja alles hundertmal besser als du selbst. Deine Briefe zerknüllt er ungelesen in der linken Hand, während er in der Rechten meine Briefe zum Lesen sich vorhält!«

Freud und Kafka erzählen ihre Geschichten zur gleichen Zeit, aber unter umgekehrten Vorzeichen. Die in *Totem und Tabu* beschriebene Palastrevolution findet im *Urteil* nicht statt, weil es bei Kafka eine Solidarität der Söhne nicht gibt. Als Georg zu Beginn der Erzählung noch einmal mit der Frage spielt, wie er seinen Heiratsplan nach Russland melden soll, projiziert er die eigene Ambivalenz auf den Jugendfreund, es ist sein Alter Ego, mit dem er verhandelt. Wie der Mann in Petersburg fühlt auch er sich zum Junggesellentum hingezogen, auch er will sich in einem ihm noch unbewussten Maß dem Gebot des Vaters unterwerfen, auch er wäre gern ein »Sohn nach seinem Herzen«. In Georgs Gedanken am Schreibtisch bricht die Spaltung seines Willens auf, die Bresche, die der Vater schließlich nutzen wird, um ihm den »Freund« zu entwinden: Anders als die Brüderschar bei Freud werden diese Söhne sich nicht zusammenschließen, um seine Stellung einzunehmen.

Georg weiß das. Schon als der Vater sich auf dem Bett erhebt und ihn der »falschen Briefchen« bezichtigt – lange bevor er sein Urteil fällt –, wird er sich für einen schmerzlichen Augenblick seiner hoffnungslosen Lage bewusst:

Georg sah zum Schreckbild seines Vaters auf. Der Petersburger Freund, den der Vater plötzlich so gut kannte, ergriff ihn, wie noch nie. Verloren im weiten Rußland sah er ihn. An der Türe des leeren, ausgeraubten Geschäftes sah er ihn. Zwischen den

Trümmern der Regale, den zerfetzten Waren, den fallenden Gasarmen stand er gerade noch. Warum hatte er so weit wegfahren müssen!

Nicht nur das ausgeraubte Geschäft seines Freundes sieht Georg hier. Unter der Wut des Vaters geht auch sein eigenes Geschäft in Trümmer, sein eigener Lebensentwurf, und für einen kurzen Moment sehnt er sich tatsächlich nach diesem Freund. Wir hätten uns gegenseitig stützen müssen, scheint er zu denken, aber dazu ist es längst zu spät. Der Freund ist zu weit weg, in seiner Ambivalenz hatte Georg niemals die Kraft, ihn zurückzuhalten, und jetzt muss er ihn preisgeben. Als der Vater gleich darauf sein Urteil spricht, ist Georg ihm rettungslos ausgeliefert.

Sigmund Freud ist ein später Nachfahre der Aufklärung, und *Totem und Tabu* ist trotz aller Gewalt ein optimistischer Text. Weil er ein Despot ist, versperrt der Vater der Urhorde seinen Söhnen den Zugang zu den Weibchen, doch ungewollt dient er ihnen damit. Er zwingt sie zur Exogamie und prägt ihnen die Inzestschranke ein, ohne die es aus psychoanalytischer Sicht keine Kultur gäbe.

Wie aber steht es bei Franz Kafka um den Sohn? Georg Bendemann gehört keiner Urhorde an, sondern einer längst zivilisierten Menschheit, und sein Vater verbietet ihm nicht den Inzest, sondern die Ehe schlechthin. Er legt ihm das Zeugungsverbot auf, den Verzicht auf alle Nachkommenschaft, und schneidet sich damit ins eigene Fleisch. »Georg fühlte sich aus dem Zimmer gejagt, den Schlag, mit dem der Vater hinter ihm aufs Bett stürzte, trug er noch in den Ohren davon.« – Mit dem Todesurteil erlischt auch das Haus Bendemann.

Die Opferung des Sohnes also, die im Alten und im Neuen Testament eine so zentrale Rolle spielt? Auf dem

Berg Morija hat Gott die Ermordung Isaaks verhindert, denn aus den Lenden Abrahams soll das auserwählte Volk erwachsen, und später lässt er den eigenen Sohn ans Kreuz schlagen, um eine sündige Menschheit zu erlösen. In einem bereits zitierten Brief vom Juni 1921 wird Kafka die Bindung Isaaks als groteske Szene beschreiben, doch stellt er diese Urszene des Judentums schon hier, im Jahr 1912, auf den Kopf? Nimmt er dem einst verhinderten Sohnesopfer, dem Ritual der biblischen Eschatologie, die Zeichen der Verheißung?

Der Geschlechtsverkehr des Sohnes ist eine Sünde, die vom Vater bestraft wird, so lesen wir es nicht nur im *Urteil,* sondern schon in *Der Verschollene,* Kafkas erstem Roman, begonnen einige Monate vor seiner Erzählung über Georg Bendemann. Karl Roßmann ist 17 Jahre alt, als ihn ein Dienstmädchen verführt und ein Kind von ihm bekommt, deshalb wird er von seiner Familie nach New York verbannt. Max Brod hat den Roman postum unter dem Titel *Amerika* veröffentlicht, weil ihm das Land der Verbannung auch eine Befreiung zu symbolisieren schien, aber der ursprüngliche Titel ist heute wieder üblich geworden, denn er macht deutlich, wie verloren die Söhne bei Kafka sind.

Warum werden die Männer, über die er schreibt, nirgends zu Vätern, warum leben und sterben sie in seinen Romanen und Erzählungen immer als Junggesellen? Hier werfen wir noch einmal einen Blick auf Kafkas Biografie, auf einen Text, der mit dem *Urteil* auf merkwürdige Weise korrespondiert und seinen Standpunkt zur Frage der Ehe kompromisslos offenlegt.

Im Herbst 1919 spitzt sich das schon lange Zeit gespannte Verhältnis zwischen Kafka und seinem Vater zu. Seit dem *Urteil* sind sieben Jahre vergangen, die Tuberkulose ist ausgebrochen, Felice Bauer spielt keine Rolle mehr in seinem Leben, aber noch immer drängt es ihn, zu heiraten. Er hat Julie Wohryzek kennengelernt, ein junges Mädchen aus einer armen jüdischen Familie in Prag, kurz entschlossen verlobt er sich zum dritten Mal, doch dann bricht wieder Ambivalenz durch – die Hochzeit findet auch diesmal nicht statt.

Das ist ein schon bekanntes Muster, aber erschwerend kommt nun hinzu, dass der Vater sich auf beleidigende Weise eingemischt hat. Die Armut der Wohryzeks war ihm ein Dorn im Auge, er unterstellt Julie einen unzüchtigen Lebenswandel und behauptet, sie habe Franz verführt. Vieles hat sich hier angehäuft, und im November schreibt Kafka seinem Vater einen umfangreichen Brief. Er wird den Adressaten nie erreichen, doch der in der Handschrift über hundert Seiten lange Text ist erhalten und gibt Einblick in eine Konstellation, die schon im *Urteil* beschrieben ist. Jetzt, da Kafka seinem Vater etwas zu erklären wünscht, tritt sie umso deutlicher hervor.

»Du hast mich letzthin einmal gefragt, warum ich behaupte, ich hätte Furcht vor Dir.« So beginnt der Brief. Kafka nimmt das Thema einer Furcht auf, die den Sohn vor dem Vater erfüllt und die Georg Bendemann bis in den Tod verfolgt hat. Bilder aus der Kindheit begründen ihre vernichtende Wirkung:

Für mich als Kind war aber alles, was Du mir zuriefst, geradezu Himmelsgebot, ich vergaß es nie, es blieb mir das wichtigste Mittel zur Beurteilung Deiner selbst und da versagtest Du vollständig. Da ich als Kind hauptsächlich beim Essen mit Dir beisammen war, war Dein Unterricht zum großen Teil Unterricht im richtigen Benehmen bei Tisch. Was auf den Tisch kam, mußte aufgegessen, über die Güte des Essens durfte nicht gesprochen werden – Du aber fandst das Essen oft ungenießbar, nanntest es »das Fressen«, das »Vieh« (die Köchin) hatte es verdorben. [...] Bei Tisch durfte man sich nur mit Essen beschäftigen, Du aber putztest und schnittest Dir die Nägel, spitztest Bleistifte, reinigtest mit dem Zahnstocher die Ohren. Bitte, Vater, verstehe mich recht, das wären an sich völlig unbedeutende Einzelheiten gewesen, niederdrückend wurden sie für mich erst dadurch, daß Du, der für mich so ungeheuer maßgebende Mensch, Dich selbst an die Gebote nicht hieltest, die Du mir auferlegtest.

Kafka beobachtet seinen Gott mit schwarzem Humor, aber das macht die Katastrophe nur noch abgründiger. Hinter der häuslichen Farce wird die metaphysische Entwurzelung sichtbar, die überall in seinem Werk Ausdruck findet; sie zeigt sich auch darin, dass es Hermann Kafka nicht mehr gelingt, seine Familie in einem gemeinsamen Judentum zu verankern. »So war es im Tempel«, heißt es über die verflachende Tradition,

zuhause war es womöglich noch ärmlicher und beschränkte sich auf den ersten Sederabend, der immer mehr zu einer Komödie mit Lachkrämpfen wurde, allerdings unter dem Einfluß der größer werdenden Kinder. (Warum mußtest Du Dich diesem Einfluß fügen? Weil Du ihn hervorgerufen hast.)

Der Sederabend, das große jüdische Fest, zelebriert den Auszug aus Ägypten. Schon Heine vermochte es nicht mehr in seine Erfahrungen zu integrieren. Im Hause Kafka verkommt es zu einer »Komödie mit Lachkrämpfen«, weil der Vater keine Tradition mehr zu vermitteln weiß, und der Sohn sieht darin nicht nur sein persönliches Unglück, sondern das Schicksal einer ganzen deutsch-jüdischen Schriftstellergeneration. »Weg vom Judentum«, schreibt er 1921 in einem Brief an Max Brod, »meist mit unklarer Zustimmung der Väter (diese Unklarheit war das Empörende), wollten die meisten, die deutsch zu schreiben anfingen, sie wollten es, aber mit den Hinterbeinchen klebten sie noch am Judentum des Vaters und mit den Vorderbeinchen fanden sie keinen neuen Boden. Die Verzweiflung darüber war ihre Inspiration.«

In einem Niemandsland zwischen verlorenen Welten läuft dann auch ab, was Kafka als die größte Tragödie seines Lebens empfindet. »Heiraten«, schreibt er sieben Jahre nach seiner Erzählung über Georg Bendemann an den Vater,

> eine Familie gründen, alle Kinder, welche kommen wollen, hinnehmen, in dieser unsichern Welt erhalten und gar noch ein wenig führen ist meiner Überzeugung nach das Äußerste, das einem Menschen überhaupt gelingen kann.

Die Hochschätzung des Ehestandes steht im Einklang mit der paternalistischen Tradition des Judentums und dem biblischen Fruchtbarkeitsgebot (Gen 1,28), das von orthodoxen Juden streng befolgt wird. An dieser Stelle öffnet sich für Kafka eine unüberbrückbare Ambivalenz: Die Gebote der Tradition werden vom Vater vermittelt, der Brief indessen macht deutlich, wie sehr der Vater sich als Identifikationsfigur diskreditiert hat. Indem er die Gründung einer Familie als höchste menschliche Leistung bezeichnet, gibt Kafka vor, in den Spuren des Vaters gehen zu wollen, aus jeder Zeile seines Schreibens aber spricht das Gegenteil – er will den Vater nicht nachahmen, er will sich so weit wie möglich von ihm entfernen.

Kafkas Ambivalenzen haben zur Folge, dass seine Texte nie eindeutig auszulegen sind, und auch der *Brief an den Vater* ist keine Ausnahme. Seine Unfähigkeit zur Ehe fasst er in ein eindrucksvolles Bild:

> So wie wir aber sind, ist mir das Heiraten dadurch verschlossen, daß es gerade Dein eigenstes Gebiet ist. Manchmal stelle ich mir die Erdkarte ausgespannt und Dich quer über sie hin ausgestreckt vor. Und es ist mir dann, als kämen für mein Leben nur die Gegenden in Betracht, die Du entweder nicht bedeckst oder die nicht in Deiner Reichweite liegen. Und das sind entsprechend der Vorstellung, die ich von Deiner Größe habe, nicht viele und nicht sehr trostreiche Gegenden und besonders die Ehe ist nicht darunter.

Schon dem Kind war der Vater ein Gott voller abstoßender Eigenschaften gewesen, und hier wiederholt sich diese Doppeldeutigkeit. Einerseits beherrscht seine überragende Gestalt die ganze Erde, andererseits aber sucht der Sohn nicht seine Nähe, sondern er will seinem Einfluss entfliehen. Kafkas Unfähigkeit zur Ehe ist vielleicht der Wunsch, *nicht* wie der Vater zu werden; der Brief wirft daher ein spätes Licht auf *Das Urteil.* Georg springt von der Brücke, doch nicht allein die Übermacht des Vaters findet hierin ihren Ausdruck, sondern auch die Abscheu des Sohnes, der sich von diesem Vater befreien muss, und sei es um den Preis des Lebens.

Sieben Jahre später stellt Kafka in seinem *Brief an den Vater* das Schreiben als den Ausweg dar, den er für sich selbst gefunden hat. »Hier war ich tatsächlich ein Stück selbstständig von Dir weggekommen, wenn es auch ein wenig an den Wurm erinnerte, der, hinten von einem Fuß niedergetreten, sich mit dem Vorderteil losreißt und zur Seite schleppt.« Während Georg Bendemann Selbstmord begeht, kommt Kafka mit dem halben Leben davon – jener Hälfte, die er in Literatur verwandelt, um ihr die andere Hälfte, das nie gelebte Leben des Familienvaters, zum Opfer zu bringen.

Der Vergleich zwischen den Söhnen im *Urteil* und im *Brief an den Vater* zeigt eine autobiografische Komponente, die schon in der frühen Erzählung nicht zu übersehen war. Kafka hatte sie zwei Tage nach seinem ersten Brief an Felice Bauer geschrieben; Jahre später würde er sich von ihr trennen, aber nicht, weil sein Vater, sondern weil sein Schreiben ihm die Ehe unmöglich machte. Im *Urteil* treibt der Vater den Sohn in den Tod, in Kafkas Biografie dagegen entkommt er dem Vater, indem er sich nicht in die Ehe, sondern in die Literatur rettet.

Der Selbstmord und die Literatur: Es sind die beiden Möglichkeiten, die Kafka in der Nacht, in der *Das Urteil* entsteht, auf erstaunliche Weise miteinander in Beziehung setzt. Den Selbstmord spielt er an der fiktiven Gestalt des Georg Bendemann durch und nimmt zugleich erstaunend wahr, »wie sich die Geschichte vor mir entwickelte wie ich in einem Gewässer vorwärtskam«. Bilder des Todes und der Geburt in einem – während er sein Alter Ego sterben lässt, kommt der schreibende Kafka zur Welt.

Die Weise, auf die sich Kafka seinen Texten einschreibt, ist vielschichtig und schwer nachzuzeichnen. Darf man in Georg Bendemann und dessen Jugendfreund versprengte Teile einer Identität sehen, die sich im Leben des Autors nicht zusammenhalten lassen und im Text auseinanderstreben? Ist Josef K. – der Bankbeamte im Roman *Der Proceß*, auf den ein anderes Todesurteil wartet – ein Selbstporträt, steht K. für Kafka, ist Josef der andere Name für Franz, den Prager Untertanen, der nach Kaiser Franz Joseph benannt worden war? Im Dom hört Josef K. die Parabel über den »Mann vom Lande«, der »zum Gesetz« kommt, ohne eingelassen zu werden, und wie in einem Spiegel wird dem Angeklagten hier die eigene Situation vorgehalten. Wenn der »Mann vom Lande« also Josef K. repräsentiert, Josef K. aber den Autor selbst – ist der »Mann vom Lande« dann ein zweifach verschlüsseltes Abbild Franz Kafkas?

Das mag so sein, doch solche Gleichsetzungen engen das weite Assoziationsfeld dieser Texte unnötig ein, und sie sind auch kaum ergiebig. Über die Menschen in Kafkas Werk erfahren wir wenig: Josef K. wird nur im Kontext der unbekannten Anklage sichtbar, gegen die er sich vergeblich zu verteidigen sucht, und der »Mann vom

Lande« tritt erst in unseren Horizont, als er sich »vor dem Gesetz« niedersetzt, um dort den Rest seiner Tage zu verbringen. Von seinem früheren Leben hören wir nichts, und auch mit der gespaltenen Figur im *Urteil* geht es uns ähnlich. Der Jugendfreund steht vielleicht für den asketischen Kafka, aber im fernen Russland bleibt er unzugänglich, er ist nur das Negativ, aus dem Georg Bendemann sich wie ein Projektionsbild entwickelt: der Geschäftsmann, der Kafka nie gewesen ist und den er im Sprung von der Brücke dann auch gleich untergehen lässt.

Elemente aus Kafkas Leben gehen in seine Texte ein, und dennoch sind diese nicht autobiografisch in einem mimetischen Sinn. Josef K. oder der Jugendfreund nehmen keine Gestalt an, in der sich ein zu Schrift gewordenes Leben des Autors wiedererkennen ließe. Denn ein Leben, das seiner Vertextung vorausgegangen wäre, gibt es bei Kafka nicht. Er sei, so warnt er schon Felice Bauer, mit seinem Schreibtisch verwachsen: der merkwürdige Fall eines Menschen, dessen Leben und Texte miteinander identisch sind.

So hat er es immer empfunden, und nicht nur seiner zukünftigen Braut teilt er es mit, sondern auch ihrem Vater. »Mein ganzes Wesen ist auf Literatur gerichtet«, schreibt er im August 1913, lange vor der ersten Verlobung, an Carl Bauer, »die Richtung hab ich bis zu meinem 30ten Jahr genau festgehalten; wenn ich sie einmal verlasse, lebe ich eben nicht mehr. Alles was ich bin und nicht bin, folgert daraus. […] Ich beklage im Grunde nichts von alledem, es ist der irdische Widerschein höherer Notwendigkeit.«

Kafka verwandelt sein Leben nicht in Literatur; sein Leben *ist* Literatur. Das mag ein Segen oder ein Fluch sein, jedenfalls lässt es sich nicht ändern, es ist eine

»höhere«, für Kafka freilich undurchschaubare »Notwendigkeit«. Nur ihren »irdischen Widerschein« nimmt er wahr, und das hat er mit den Figuren seines Werkes gemein: mit Georg Bendemann, der das Urteil des Vaters nicht versteht, aber seine Notwendigkeit begreift; mit Josef K., der das Gericht nicht kennt, aber dem Prozess nicht entrinnen kann; mit dem »Mann vom Lande«, dem der Zugang »zum Gesetz« verwehrt wird. Hier – in der Legende, die dem Roman über Josef K. eingelagert ist –, bildet Kafka die Undurchschaubarkeit seiner Situation am deutlichsten ab, und noch der »irdische Widerschein« der unverstandenen Notwendigkeit ist in ihr aufgehoben. Als der »Mann vom Lande« schon alt wird, heißt es über ihn: »Schließlich wird sein Augenlicht schwach und er weiß nicht ob es um ihn wirklich dunkler wird oder ob ihn nur seine Augen täuschen. Wohl aber erkennt er jetzt im Dunkel einen Glanz, der unverlöschlich aus der Türe des Gesetzes bricht.«

Kafkas Texte laufen an einer Grenze entlang, an der in täuschend realistische Szenen ständig das Unverständliche einbricht. Die Welt, die er gestaltet, überhöht er nicht nur in der Erzählung *Das Urteil,* in der ein Vater zur Nemesis seines Sohnes wird, sondern auch im scheinbar autobiografischen Brief an den eigenen Vater, den er zu einem zweifelhaften Gott macht und damit vielleicht zum Ursprung jener Unverständlichkeit, die ihn von einer »höheren« Welt abschneidet. In der letzten Phase seines Lebens, vermutlich Ende 1922, schreibt er darüber einen Text, den Max Brod aus dem Nachlass unter dem Titel *Von den Gleichnissen* veröffentlicht hat:

Viele beklagten sich, daß die Worte der Weisen immer wieder nur Gleichnisse seien, aber unverwendbar im täglichen Leben und nur dieses allein haben wir. Wenn der Weise sagt: »Gehe hinüber« so meint er nicht, daß man auf die andere Straßenseite hinüber gehn solle, was man immerhin noch leisten könnte, wenn das Ergebnis des Weges wert wäre, sondern er meint irgendein sagenhaftes Drüben, etwas was wir nicht kennen, was auch von ihm nicht näher zu bezeichnen ist und was uns also hier gar nichts helfen kann. Alle diese Gleichnisse wollen eigentlich nur sagen, daß das Unfaßbare unfaßbar ist und das haben wir gewußt. Aber das womit wir uns eigentlich jeden Tag abmühn, sind andere Dinge.

Darauf sagte einer: Warum wehrt Ihr Euch? Würdet Ihr den Gleichnissen folgen, dann wäret Ihr selbst Gleichnisse geworden und damit schon der täglichen Mühe frei.

Ein anderer sagte: Ich wette daß auch das ein Gleichnis ist.

Der erste sagte: Du hast gewonnen.

Der zweite sagte: Aber leider nur im Gleichnis.

Der erste sagte: Nein, in Wirklichkeit; im Gleichnis hast Du verloren.

Für die »Vielen«, die Mehrheit der Menschen, bleiben alle Gleichnisse sinnlos – »unverwendbar im täglichen Leben«, über das sie sich zu keiner höheren Notwendigkeit erheben können –, weil ihnen im »Gehe hinüber« keine Richtung angegeben scheint, der sich folgen ließe. Der eine aber, der stellvertretend für die »Weisen« spricht, sieht darin ihre Verstocktheit. »Warum wehrt Ihr Euch?« fragt er sie und deutet damit an, dass sie das »Gehe hinüber« nicht verstehen, weil sie es nicht verstehen *wollen.*

Stets haben die Texte des Monotheismus so argumentiert. Im Alten Testament werden der Pharao Ägyptens und der König Babylons bestraft, die Verstockten, die sich den Zeichen widersetzen und sie daher nicht lesen können. Im Neuen Testament wird die Welt auf ganz ähnliche Weise in Gut und Böse aufgeteilt: »Euch ist's gegeben«, spricht Jesus zu seinen Jüngern, »daß ihr die Geheimnisse des Himmelreichs verstehet, diesen aber ist's nicht gegeben. […] Denn mit sehenden Augen sehen sie nicht, und mit hörenden Ohren hören sie nicht; und sie verstehen es auch nicht.« (Mt 13,11 und 13)

Wie die Bücher der Bibel bietet auch der eine, der bei Kafka für die Weisen steht, eine Erlösungsbotschaft an. Wer den Gleichnissen folgt, verspricht er den Vielen, wird selbst zu einem Gleichnis, zu einem Mustermenschen, der das »Gehe hinüber« verstanden hat und dem nun andere folgen können: Er hat seine Seele gerettet und ist »schon der täglichen Mühe frei«. Ein »anderer« aber, im Namen der Vielen, sagt darauf spöttisch: »Ich wette daß auch das ein Gleichnis ist«, und der Weise erwidert: »Du hast gewonnen.«

Seine Antwort ist ironisch, denn hier gewinnt der »andere« eine Wette, die der Weise gar nicht erst angenommen hat. Sie wird vom Standpunkt der Alltäglichkeit geschlossen, von dem aus alle Gleichnisse unerreichbar bleiben, und indem der »eine« diese Wette konzediert, sagt er dem »anderen« lediglich: Du hast nicht begriffen, worum es geht.

Das macht der Schluss deutlich. »Aber leider nur im Gleichnis«, sagt der »andere«. Als Gewinner der Wette glaubt er schon ins Gleichnis eingetreten zu sein, aber das ist ein Irrtum, und der »eine« korrigiert ihn. »[I]m Gleichnis hast Du verloren«, sagt er zu ihm, denn in seiner Alltäglichkeit hat er keinen Zugang zu der Welt des für ihn Unfassbaren, aus der Perspektive der Gleichnisse muss er immer der Verlierer sein.

Auch die letzte Korrektur ist also ironisch, für den Autor dieses Dialogs aber, für Kafka selbst, ist es eine traurige Ironie. Denn er gehört weder zu den Vielen noch zu den Weisen, er ist nur ein Mensch, der in allen seinen Texten dem Gebot des »Gehe hinüber« zu folgen versucht und ständig dabei scheitert. Als Georg Bendemann ins Zimmer seines Vaters tritt oder Josef K. eines Morgens verhaftet wird; als der Mann vom Lande zum Gesetz kommt oder Kafka an den eigenen Vater schreibt; als der Sohn auf den Hof seiner Kindheit zurückkehrt oder der Landvermesser auf das Schloss zugeht: Überall stößt er an eine Grenze, die sich nicht durchbrechen lässt.

Nicht wissen, was gilt
Paul Celan

Kafka hat eine eigentümliche Rezeption erfahren. Er selbst veröffentlichte nur weniges, und Max Brod trug er auf, mit dem Nachlass alle seine heute bekannten Hauptwerke zu vernichten. Nur mit großer Verzögerung – gegen den doppelten Widerstand des Autors und der historischen Umstände – konnten sie ins öffentliche Bewusstsein treten, zum Allgemeingut der Moderne wurden sie erst nach dem Zweiten Weltkrieg. Da aber nahm man das Werk bereits vor dem Hintergrund einer völlig veranderten Wirklichkeit wahr: Die verlorenen Gestalten dieses jüdischen Erzählers schienen jetzt aus dem Vakuum einer zerstörten Welt aufzusteigen, ihre Tode lasen sich wie die prophetische Vorwegnahme eines Unheils, das später »Holocaust« oder »Shoah« heißen sollte.

Dies war eine optische Täuschung. Wie schon der *Brief an den Vater* zeigt, war Kafkas existenzielle Not zweifellos durch sein Judentum mitbestimmt, doch die Gestalten seines literarischen Werkes sind nicht als Juden und auch kaum als Individuen gezeichnet. Josef K. oder der Mann vom Lande repräsentieren keine besondere Gruppe, sie sind Menschen schlechthin – bei Kafka spiegelt sich die Krise des Ersten Weltkriegs noch als eine universale Katastrophe, die er mit seinen Zeitgenossen teilt.

Erst Hitlers systematische Ermordung der Juden Europas schuf in der deutschen Literatur eine Trennlinie zwischen jüdischen und nichtjüdischen Autoren. Wo sich

Wolfgang Borchert oder Heinrich Böll, Günter Grass oder Siegfried Lenz den Kriegsjahren zuwenden, stehen die im Namen »Auschwitz« verschlüsselten Ereignisse zwangsläufig eher am Rande des Blickfeldes; und auch wenn Rolf Hochhuth oder einige Zeit später Bernhard Schlink sich ihrer annehmen, konzentrieren sie sich weniger auf die dem Tode geweihten Opfer als auf die Täter und ihre Mitwisser. Beachtet wurden *Der Stellvertreter* oder *Der Vorleser* nicht etwa wegen des hier berührten Holocaust, der nur der historisch vorgegebene Hintergrund dieser Werke war, sondern wegen der in ihnen geschilderten skandalösen Vorgänge, die sich jenseits der Vernichtungslager abspielen.

Bei den jüdischen Autoren der Nachkriegszeit dagegen bildet die Shoah das einmal mehr, einmal weniger sichtbare Gravitationszentrum ihres Werkes. Ob Rose Ausländer oder Peter Weiss, ob Ilse Aichinger, Edgar Hilsenrath oder Jurek Becker, ob Elfriede Jelinek oder Gila Lustiger; ob diese Autoren zur Generation der Betroffenen gehören oder Nachgeborene sind, die das Trauma geerbt haben: In der einen oder anderen Phase seines Schaffens holt jeden jüdischen Nachkriegsautor die späte Wirkung eines unüberwindlichen Schocks ein und beugt ihn unter den »besonderen Neigungswinkel seiner Existenz«.

So drückt es Paul Celan im Jahr 1958 aus, als ihn die Pariser Buchhandlung Flinker nach seinen dichterischen Plänen fragt; unter diesem Neigungswinkel wird er seinem Leben schließlich ein Ende setzen. Das Wort ist zufällig aus Celans Werk herausgegriffen, aber wie alle seine Worte bietet es Eingang in eine Welt, in der die deutsche Sprache sich oft bis zur Unkenntlichkeit verändert hat. Zu diesem Zeitpunkt lebt Celan schon seit zehn Jahren in Paris, mit dem 1895 geborenen jüdischen Buchhändler Martin Flinker verbindet ihn das Schicksal: Auch er stammt aus Czernowitz, in Wien hat er seine erste Buchhandlung geführt und ist vor den Nazis geflohen. Nur den Sohn hat er retten können, seine Frau, seine Eltern, seine Geschwister wurden ermordet. Mit der Librairie Flinker hat er nach dem Krieg ein deutsch-französisches Zentrum der geistigen Begegnung eröffnet. Er ist an moderner Dichtung interessiert, und im Almanach der Buchhandlung gibt Celan ihm Auskunft:

> Die deutsche Lyrik geht, glaube ich, andere Wege als die französische. Düsterstes im Gedächtnis, Fragwürdigstes um sich her, kann sie, bei aller Vergegenwärtigung der Tradition, in der sie steht, nicht mehr die Sprache sprechen, die manches geneigte Ohr immer noch von ihr zu erwarten scheint. Ihre Sprache ist nüchterner, faktischer geworden, sie mißtraut dem »Schönen«, sie versucht, wahr zu sein. Es ist [...] eine »grauere« Sprache, eine Sprache, die unter anderem auch ihre »Musikalität« an einem Ort angesiedelt wissen will, wo sie nichts mehr mit jenem »Wohlklang« gemein hat, der noch mit und neben dem Furchtbarsten mehr oder minder unbekümmert einhertönte.
>
> Dieser Sprache geht es, bei aller unabdingbaren Vielstelligkeit des Ausdrucks, um Präzision. Sie verklärt nicht, »poetisiert« nicht, sie nennt und setzt, sie versucht, den Bereich des Gegebenen und des Möglichen auszumessen. Freilich ist hier niemals die Sprache selbst, die Sprache schlechthin am Werk, sondern immer nur ein unter dem besonderen Neigungswinkel seiner Existenz sprechendes Ich, dem es um Kontur und Orientierung geht. Wirklichkeit ist nicht, Wirklichkeit will gesucht und gewonnen sein.

Es ist weniger der deutsche Zeitgenosse als der jüdische, der »Düsterstes im Gedächtnis« trägt: Das Ich, das hier spricht, ist der Autor Paul Celan selbst, und hinter seiner Aussage über die »deutsche« Lyrik der Gegenwart verbirgt sich die eigene Standortbestimmung. Nicht dem Deutschen legt er die »grauere« Sprache auf, sondern sich selbst. Er hatte sie schon früh geschrieben, von Anfang an, und sein berühmtestes Gedicht, »Todesfuge«, endet mit den Zeilen:

> dein goldenes Haar Margarete
> dein aschenes Haar Sulamith

Noch während des Krieges – noch unter dem Schock der Nachricht, dass die Nazis seine Eltern ermordet hatten – schrieb er dem Haar zweier Frauen die Linie ein, an der sich jüdisches und deutsches Gedächtnis fortan scheiden würden. Der blonden Deutschen und ihrem Liebhaber, der einen Pakt mit dem Teufel geschlossen hatte, stand Sulamith aus dem *Hohelied* gegenüber, deren Liebhaber einer allegorischen Auslegung nach Gott selbst war. Aber in den Jahren seit ihrem Erscheinen hatte Celans »Todesfuge« ein Eigenleben angenommen, die deutschen Leser wollten das Grau der Asche, zu der das Haar der Jüdin verbrannt war, nicht wahrnehmen. Stattdessen hatten sie die Klage über die Toten zu einem »schönen« Gedicht gemacht, hatten es in ihre Lesebücher aufgenommen. »Er ruft spielt süßer den Tod der Tod ist ein Meister aus Deutschland / er ruft streicht dunkler die Geigen dann steigt ihr als Rauch in die Luft / dann habt ihr ein Grab in den Wolken da liegt man nicht eng«: Für Celan lag die »Musikalität« dieser Verse jenseits aller Ästhetisierung, in Deutschland aber hörte man es gerne anders – als »Wohlklang«, »der noch mit und neben dem Furchtbarsten mehr oder minder unbekümmert einhertönte«.

Seit Jahren befand er sich vor solcher Vereinnahmung auf dem Rückzug. Der Almanach der Buchhandlung Flinker erschien im Januar 1958, im gleichen Monat erhielt Celan den Literaturpreis der Freien Hansestadt Bremen. »Die Landschaft, aus der ich – auf welchen Umwegen! aber gibt es das denn: Umwege? –, die Landschaft, aus der ich zu Ihnen komme«, sagt er dort in seiner

Dankesrede vom Ort seiner Herkunft, »dürfte den meisten von Ihnen unbekannt sein.« Die Bukowina ist Celans deutschen Hörern nicht nur fremd, sie ist untergegangen, sie existiert nicht mehr auf der Karte Europas, sie ist, wie man es in Deutschland nennen würde, zu einer Leerstelle geworden. Als Celan drei Jahre später den Büchner-Preis erhält, nimmt er das Thema noch einmal auf. In seiner Rede anlässlich der Verleihung spricht er von Lenz, dem Dichter, über den Büchner geschrieben hat, und von Franzos, dem Juden, der Büchners Werk wiederentdeckte. »Ich suche die Gegend«, so sagt er, »aus der Reinhold Lenz und Karl Emil Franzos […] kommen. Ich suche auch, denn ich bin ja wieder da, wo ich begonnen habe, den Ort meiner eigenen Herkunft.« Lenz stammte aus Livland, und Franzos verbrachte wie Celan seine Jugend in Czernowitz: Es sind die Stätten des Untergangs, und Celan weiß, dass seine Suche vergeblich ist. »Keiner dieser Orte ist zu finden, es gibt sie nicht, aber ich weiß, wo es sie, zumal jetzt, geben müßte, und … ich finde etwas!« In den letzten Sätzen der Rede beschreibt er den Hörern seinen Fund:

> Ich finde das Verbindende und wie das Gedicht zur Begegnung Führende.
>
> Ich finde etwas – wie die Sprache – Immaterielles, aber Irdisches, Terrestrisches, etwas Kreisförmiges, über die beiden Pole in sich selbst Zurückkehrendes […] –: ich finde … einen *Meridian.*
>
> Mit Ihnen und Georg Büchner und dem Lande Hessen habe ich ihn soeben wieder zu berühren geglaubt.

Nach dem hier gebrauchten Wort, »Meridian«, ist Celans Preisrede vom Oktober 1960 benannt, denn es ist gleichnishaft für seine Dichtung. Wie die realen Orte auf den Landkarten durch künstlich konstruierte Mittagskreise miteinander verbunden sind, so zeichnet auch er den verlorenen Orten im Atlas seiner Erinnerung eine Verbindungslinie ein. »Immateriell« und dennoch »irdisch«, ist sie der Sprache nachgebildet, steht zwischen einem Hier und einem Dort und erfüllt damit das Gebot, das Kafka den Gleichnissen eingeschrieben hat. »Gehe hinüber!«: Mit diesem Ziel macht Celan sich auf die Suche nach dem Verlorenen, hofft es auf den Wegen seiner Dichtung zu berühren. Damit aber wird das Gedicht zu einer Gratwanderung, die sich ständig selbst zu vereiteln droht. Er nennt diesen Akt des Dichtens das Immer-noch:

> Dieses Immer-noch des Gedichts kann ja wohl nur in dem Gedicht dessen zu finden sein, der nicht vergißt, daß er unter dem Neigungswinkel seines Daseins, dem Neigungswinkel seiner Kreatürlichkeit spricht.

Vom »Neigungswinkel« war schon vor Jahren die Rede gewesen, im Almanach der Librairie Flinker, und eine Eigentümlichkeit der Sprache Celans tritt zutage. Sie ist nicht leicht zugänglich, aber eingefügt in das Gewebe der Dichtung erhellt sie schrittweise aus den Kontexten, in denen sie steht. Im Umfeld des Meridians enthüllt sich die astronomische Konnotation des Wortes. Der Neigungswinkel, in dem die Erde die Sonne umläuft, bestimmt den Einfall des Lichtes, dem wir unser Leben, unsere Kreatürlichkeit verdanken. Celans Dichtung ist eine Ort-Suche, die aber nur Nicht-Orte finden kann; seine Rede macht es deutlich:

> Toposforschung?
> Gewiß! Aber im Lichte des zu Erforschenden: im
> Lichte der U-topie.
> Und der Mensch? Und die Kreatur?
> In diesem Licht.

Die Utopie, in glücklicheren Zeiten ein Fluchtpunkt menschlichen Wunschdenkens, wird wörtlich genommen und in ihr Gegenteil verkehrt, in einen Ausdruck der Ortlosigkeit. Sie ergreift auch die Lichtmetaphorik, die dieses Wunschdenken immer begleitet hat. In der Geburtsstunde des deutschen Judentums, der Aufklärung, hatte sie ihren Höhepunkt; und noch jetzt – in der Todesstunde dieses Judentums, im Schnittpunkt von Meridian und Neigungswinkel – macht Celan sie zu einem Thema seiner Dichtung.

In einem frühen Gedicht, das Celan vermutlich im Sommer 1944 geschrieben hat, ein Jahr vor »Todesfuge«, spricht seine Mutter ihn an. Das Gedicht heißt »Schwarze Flocken«:

> Schnee ist gefallen, lichtlos. Ein Mond
> ist es schon oder zwei, daß der Herbst unter
> mönchischer Kutte
> Botschaft brachte auch mir, ein Blatt aus ukrainischen
> Halden:
>
> »Denk, daß es wintert auch hier, zum tausendstenmal
> nun
> im Land, wo der breiteste Strom fließt:
> Jaakobs himmlisches Blut, benedeiet von Äxten ...
> O Eis von unirdischer Röte – es watet ihr Hetman mit
> allem
> Troß in die finsternden Sonnen ... Kind, ach ein Tuch,
> mich zu hüllen darein, wenn es blinket von Helmen,
> wenn die Scholle, die rosige, birst, wenn schneeig stäubt
> das Gebein
> deines Vaters, unter den Hufen zerknirscht
> das Lied von der Zeder ...
> Ein Tuch, ein Tüchlein nur schmal, daß ich wahre
> nun, da zu weinen du lernst, mir zur Seite
> die Enge der Welt, die nie grünt, mein Kind, deinem
> Kinde!«
>
> Blutete, Mutter, der Herbst mir hinweg, brannte der
> Schnee mich:
> sucht ich mein Herz, daß es weine, fand ich den Hauch,

ach des Sommers,
war er wie du.
Kam mir die Träne. Webt ich das Tüchlein.

Im Titel steht das Schwarz dem Weiß gegenüber, der Farbe der Flocken. Sie wird freilich nur im Licht sichtbar, und der Schnee ist »lichtlos« gefallen. Zunächst liest sich das wie ein Widerspruch, denn die Eingangszeile endet mit den Worten »Ein Mond«, die die Dunkelheit des Bildes aufzuheben scheinen. Erst in der nächsten Zeile wird deutlich, dass »Mond« hier kein Lichtkörper ist, sondern die Einheit der Zeit, die vergangen ist, seit der Dichter das »Blatt aus ukrainischen Halden« erhalten hat: die Nachricht vom Tod des Vaters.

Diese schreckliche »Botschaft« legt Celan seiner Mutter in den Mund. Mit den verstrichenen Monden ist die Dunkelheit eingebrochen, in der Ukraine »wintert« es bereits, die Mutter schreibt dem Sohn unter »finsternden Sonnen«. Als das Gedicht entstand, wusste Celan vermutlich schon, dass seine Mutter im Winter 1942 mit einem Genickschuss umgebracht worden war. Es sind ihre letzten Worte an ihn, und die Jahreszeiten Sommer, Herbst und Winter sind im Gedicht noch einmal gegenwärtig.

Einzig der Frühling bleibt ungenannt. Nur eine Farbe vertritt ihn – die »Welt, die nie grünt« –, und diesem Nicht-Grün steht das »Eis von unirdischer Röte« gegenüber. Der »breiteste Strom« in der Ukraine hat es gefärbt: nicht der Bug, hinter dessen Ufern Celans Eltern zu Tode gekommen sind, sondern die ermordeten Kinder Israel, »Jaakobs himmlisches Blut«, das unter dem Wasser des Eises schon »rosig« geworden ist. Doch nicht Grün und Rot bilden den chromatischen Gegensatz des Gedichtes, sondern Schwarz und Weiß, aus denen sich später das von Celan postulierte Grau mischen wird. Im

Refrain der »Todesfuge« – »Schwarze Milch der Frühe« – klingt er bald darauf wieder an, und noch die Radierungen, mit denen Gisèle Lestrange, Celans Frau, in den sechziger Jahren dessen Dichtungen begleiten wird, halten es fest.

Schon den »tausendsten« Winter gefrorenen Blutes beschreibt seine Mutter, eine Leidensgeschichte der Generationen, eine »Welt, die nie grünt, mein Kind, deinem Kinde«. In dieser Folge der Generationen spricht nun der Dichter. Er nimmt die Worte der Mutter auf – das Blut und die Träne –, vor allem aber ihre Bitte um ein Tuch: »Kind, ach ein Tuch, / mich zu hüllen darein«. Sie bittet um Schutz vor dem Schrecklichen um sich herum, das sie erleben muss, um »ein Tuch, ein Tüchlein nur schmal, daß ich wahre / […] die Enge der Welt«, die sie untergehen sieht, und der Sohn erfüllt ihre Bitte. »Kam mir die Träne. Webt ich das Tüchlein«: Das Gedicht, das er schreibt, ist ein Text im wörtlichen Sinn, ein »Gewebe«, in dem er die Tote einhüllt und seine Träne auffängt.

»Schwarze Flocken« ist ein früher poetologischer Text Paul Celans, und vieles, das in *Der Meridian* später Ausdruck erhält, ist bereits zu erkennen – das Licht- oder Schattenmotiv, das seine Dichtung durchziehen wird; der Gang zu den Toten; und auch das Wort von der »Enge der Welt«. So heißt es in *Der Meridian* gegen Ende der Rede über die Ortsuche:

> Die Kunst erweitern?
> Nein. Sondern geh mit der Kunst in deine allereigenste Enge. Und setze dich frei.

Es ist seine Mutter, die er im frühen Trauergedicht um die Eltern zuerst von der »Enge der Welt« sprechen lässt, und das Wort ist mehrdeutig. Für die Mutter bezeichnet es den kleinen Ort ihrer Lebenswelt, den sie bewahren will, als fremde, von außen eindringende Mächte ihn zerstören; für den Sohn aber, der dieses Wort der Mutter ja nur in den Mund legt, um es in seinem Gedicht aufzubewahren, steht es vielleicht für die Mutter selbst, für ihren Leib, in dem er einst vor der Welt geschützt war.

Immer jedoch wird der imaginierte Schutz des Mutterleibs ambivalent bleiben. »Enge« ist mit »Angst« verwandt, und schon bald, in »Todesfuge«, taucht das Wort wieder auf: »dann steigt ihr als Rauch in die Luft / dann habt ihr ein Grab in den Wolken da liegt man nicht eng«. Celans Worte bilden ihr eigenes Gewebe, und einem anderen Gedicht über die Toten wird er später den Titel »Engführung« geben.

Während des Zweiten Weltkriegs spielte Rumänien eine zwiespältige Rolle. Czernowitz lag in seinen Grenzen, als Celan 1920 dort geboren wurde. 1918 war das Habsburgerreich untergegangen, die Rumänen hatten die Bukowina, das einstige Kronland der Hofburg, annektiert, und zwei Jahrzehnte später gerieten sie in die Feuerlinie zwischen den Nazis und den Sowjets. Sie lavierten und paktierten mit beiden Seiten, bis sie im August 1944 vor den Russen kapitulierten und ihr Bündnis mit den Deutschen aufgaben. Formal wurde Czernowitz erst im Friedensvertrag von 1947 an die Ukrainische Sowjetrepublik abgetreten, aber für Celan waren die Weichen längst gestellt.

Aus dem Arbeitslager, in dem er fast zwei Jahre interniert war, wurde Celan Anfang 1944 entlassen. Er kehrte nach Czernowitz zurück, dann besetzten sowjetische Truppen die Stadt, und im Jahr darauf ging er nach Bukarest. Celan brachte sämtliche Voraussetzungen für einen Neubeginn in der Nachkriegszeit mit. Er schrieb und dichtete auch auf Rumänisch, unter anderem übersetzte er vier Erzählungen Kafkas in diese Sprache, darüber hinaus eignete er sich das Russische an und konnte als Lektor und Übersetzer in einem von der sowjetischen Militäradministration eingerichteten Verlag bald eine Vermittlerrolle zwischen der Besatzungsmacht und der Landeskultur übernehmen.

Genau das aber will er nicht. »Weil ich mit dem politischen System nicht zurechtkam«, wird er später in seinem Antrag auf Einbürgerung in Frankreich schreiben, »verließ ich 1947 heimlich Rumänien und ging nach Österreich.« Es war jedoch mehr als nur der Instinkt des Künstlers, mit dem er sich vor dem totalitären Anspruch einer Ideologie zu schützen suchte. Es war auch seine existenzielle und historische Erfahrung als Jude, die nun, nach dem Einbruch der Katastrophe, bei Celans Lebensentscheidungen zum Tragen kam.

Das wird schon in »Schwarze Flocken« sichtbar, dem frühen Trauergedicht, das noch vor seiner Übersiedlung nach Bukarest entstand. Über den »breitesten Strom« lässt er die Mutter dort klagen, über »Jaakobs himmlisches Blut«, durch das der »Hetman« watet: Gemeint ist Bogdan Chmielnicki, der im 17. Jahrhundert den Aufstand der ukrainischen Kosaken gegen den polnischen Adel anführte, die Ukraine mit Russland verbündete und dabei Hunderte von jüdischen Gemeinden dem Erdboden gleichmachte. Im kollektiven Gedächtnis der Juden gehört das von ihm angerichtete Massaker zu den grausamsten Ereignissen ihrer Geschichte, und als Celan, wiederum aus »ukrainischen Halden«, die Nachricht vom Tod seines Vaters erhielt, verdichtete sich der Schrecken für ihn zum »tausendsten« Winter eines endlosen Leids. Die Morde hatten nicht nur die Nazis verübt, sondern auch ihre ukrainischen Kollaborateure, und als sie die Stadt seiner Geburt vereinnahmten, wandte er sich ab. Die Bukowina war für ihn zum verlorenen Ort geworden, den er fortan nur noch im Meridian seiner Dichtung berühren konnte.

Aber wohin sollte er sich wenden? Als die Sowjets ihre Macht konsolidierten und an den Grenzen ihres Imperiums der Eiserne Vorhang des Kalten Krieges niederging, gab es für die rumänischen Juden, die Stalins Diktatur entkommen wollten, zwei Fluchtrichtungen. Die eine führte nach Osten, zu den Schiffen der zionistischen Untergrundbewegung *Bricha,* die die Juden Osteuropas über das Schwarze Meer illegal nach Palästina brachte; die andere führte in den Westen, nach Wien.

Dem Zionismus war Celan bereits in seinem Elternhaus begegnet. Obwohl sie miteinander Deutsch sprachen, entstammten beide Eltern dem orthodoxen Ostjudentum. Der Vater neigte der jüdischen Nationalbewegung zu, er schickte den Sohn mehrere Jahre lang auf eine hebräische Volksschule, und das Kind muss darunter gelitten haben. Unter der Anleitung der Mutter wandte er sich schon früh der deutschen Kultur zu und wählte das Deutsche in einem mehrfachen Sinn des Wortes zu seiner Mutter-Sprache.

Celan stand dem Zionismus reserviert gegenüber, und auch im Gedicht »Schwarze Flocken« hat das seine Spur hinterlassen. Die Mutter will sich dort in ein Tuch hüllen, »wenn schneeig stäubt das Gebein / deines Vaters, unter den Hufen zerknirscht / das Lied von der Zeder …« Nicht nur der Vater, sondern auch sein zionistisches Lied geht hier zugrunde: Selbst in den dunkelsten Stunden seines Lebens widersetzt sich Celan dem jüdischen Traum von der nationalen Erlösung, und auf den ersten Blick ist das keineswegs einsichtig. Die Katastrophe der Shoah verlieh dem lange eher randständigen Zionismus seine politische Durchschlagskraft, viele entwurzelte Juden akzeptierten ihn jetzt als Not-Lösung. Celan aber wählte den umgekehrten Weg – nach einem wochenlangen Fußmarsch durch Rumänien und Ungarn traf er im Dezember 1947 in Wien ein.

Was erhoffte er sich? Die in den Jahren vor seiner Flucht entstandenen Gedichte füllten schon einen ersten Band, den er nun veröffentlichen wollte – und das konnte nur im deutschen Sprachraum geschehen. Die Erklärung erscheint plausibel genug, und man hat Celans Zeit in Wien wohl nicht zu Unrecht als den Ausgangspunkt seiner Laufbahn als deutscher Dichter gesehen. Er reiste aber nach wenigen Monaten wieder ab, ohne das Erscheinen des Gedichtbandes abzuwarten. Im Juli 1948 verließ er nicht nur Wien, sondern auch den deutschen Sprachraum; er ging nach Paris und verbrachte dort den Rest seines Lebens.

Eine tiefe Ambivalenz spricht aus diesem Beginn, und man muss bei ihr verweilen. Ihren Ursprung hat sie im rumänischen Czernowitz der Vorkriegszeit, als Celan sich einer deutschen Kultur verschrieb, die bereits im Schwinden begriffen war. Das war ihm mit vielen Juden des untergegangenen Habsburgerreiches gemeinsam, mit Franz Kafka und dem Prager Kreis nicht weniger als mit seinem Mentor, dem Bukowiner Dichter Alfred Margul-Sperber, der ihm 1947 den Zutritt zu Wiens literarischen Kreisen ebnete. Nur traf dies Celan und andere deutsch-jüdische Autoren seiner Zwischenkriegsgeneration ungleich schärfer, weil das Ende dieser Kultur sie schon an ihren Anfängen überholt hatte und sie unwissentlich in die Falle eines Anachronismus hineinwuchsen.

Als Celan seine Lebensentscheidungen trifft, ist er sich dieser Problematik bereits voll bewusst. Bald nach seiner Ankunft in Paris schreibt er in einem Brief nach Israel, »daß es nichts in der Welt gibt, um dessentwillen ein Dichter es aufgibt zu dichten, auch dann nicht, wenn er ein Jude ist und die Sprache seiner Gedichte die deutsche«; und im selben Brief: »Vielleicht bin ich einer der Letzten, die das Schicksal jüdischer Geistigkeit in Europa zuendeleben müssen.«

Wenn auch nicht mehr im deutschen Sprachraum, so doch in Europa. Selbst jetzt noch ist es die deutsche Sprache, die sein Leben beherrscht, und nicht zufällig legt er sein doppeltes Bekenntnis vor Verwandten in Israel ab. Als Juden sich die deutsche Kultur anzueignen begannen, schlossen sie sich keinem nationalen, sondern einem universalen Gedanken an. In der Sprache seines Briefes – »das Schicksal jüdischer Geistigkeit in Europa zuendeleben müssen« – weiß er sich noch immer an sein untergegangenes Erbe gefesselt, und er mag »einer der Letzten« sein, doch er ist nicht der einzige deutsch schreibende Jude der Nachkriegszeit, dem es so ergeht. Viele von ihnen blieben im fremdsprachigen Exil – Nelly Sachs und Peter Weiss in Schweden, Erich Fried in England, Jean Améry in Belgien –, und keiner ging nach Israel. Im Gegenteil: Einige andere – Arnold Zweig, Wolfgang Hildesheimer, Edgar Hilsenrath – überlebten den Krieg in Palästina und verließen später das Land. In der deutschen Kultur hatten die Juden einst ihr Exil beenden wollen, und nach dem katastrophalen Ende gab es für diese Autoren kein anderes Erlösungskonzept mehr, auch den Zionismus nicht.

Die Gedichte, um deren Veröffentlichung sich Celan in Wien bemüht hatte, erschienen erst im September 1948, als er schon in Paris war. Er hatte ihre Drucklegung nicht mehr begleitet, und als sie eintrafen, telegrafierte er sofort nach Wien und untersagte den Verkauf des Buches. Es enthielt zu viele sinnentstellende Druckfehler – bald darauf ließ er die gesamte Auflage einstampfen. Sein erster Gedichtband, für den er dem Anschein nach den Weg nach Wien gemacht hatte, war zum Fiasko geworden: zu einem Akt der Selbstzerstörung, mit dem er seinen Rückzug aus dem deutschen Sprachraum symbolisch besiegelte.

Einen Teil seines Inhalts nahm Celan 1952 in den ersten Zyklus von *Mohn und Gedächtnis* auf. Darunter war auch das Gedicht, das dem frühen Band seinen Titel gegeben hatte: »Der Sand aus den Urnen«.

> Schimmelgrün ist das Haus des Vergessens.
> Vor jedem der wehenden Tore blaut dein enthaupteter
> Spielmann.
> Er schlägt dir die Trommel aus Moos und bitterem
> Schamhaar;
> mit schwärender Zehe malt er im Sand deine Braue.
> Länger zeichnet er sie als sie war, und das Rot deiner
> Lippe.
> Du füllst hier die Urnen und speisest dein Herz.

Das Gedicht zeigt noch die Spuren des Surrealismus, dem er in Bukarest und später auch in Wien begegnete; der »enthauptete Spielmann« und seine »Trommel aus Moos und bitterem Schamhaar« nehmen sich wie Bilder eines Traumes aus, in dem die Toten ihre verstümmelte Auferstehung erfahren. Aber bald wendet Celan sich von dieser Bewegung ab, er verweigert sich einer solchen Dynamik des Unbewussten und gibt sich dem Traum nicht passiv hin, sondern baut ihn bewusst in seine Poetologie ein. So heißt es etwa in »Zwiegestalt«, einem um 1954 entstandenen Gedicht: »Tritt vor dein Haus, / schirr deinen scheckigen Traum an, / laß seine Hufe reden / zum Schnee, den du fortbliest / vom First meiner Seele.« Celans Sprache nimmt Gestalt an – der Traum wird zum Pferd, es muss sich seinem Herren fügen und zieht ihn in den Schnee der gequälten Erinnerung, den wir schon aus »Schwarze Flocken« kennen.

Pferd und Wagen, die Seele als verschneites Haus – mühelos ruft Celan seine Bilder auf, lässt sie wie aus dem Nichts entstehen. Dem frühen Gedicht »Der Sand aus den Urnen« gelingt das noch nicht. Im »Haus des Vergessens« und der Farbe »schimmelgrün«, in den Sandmalereien des Spielmanns wirkt die Symbolik noch aufgesetzt, aber ein großes Thema dieser Dichtung, das Gedächtnis und seine Not, treten bereits hervor. Das Du, das hier angesprochen wird, changiert von Zeile zu Zeile. Zunächst ist es der Dichter selbst, dem der Spielmann die Trommel schlägt; dann ein Toter, dessen Braue und Lippe in den Sand gemalt werden; und schließlich wieder der Dichter, der diesen Sand in die Urnen füllt und mit ihm sein Herz speist: Immer werden wir in Celans Gedichten dieser Mischung aus Selbstgespräch und Totengespräch begegnen.

Wenig später wird er »Todesfuge« schreiben und Sulamiths Haar die Farbe der Asche geben, hier aber sind die verbrannten Toten noch Sand. »Kann ein Mensch den Staub auf Erden zählen«, verheißt Gott dem Stammvater Abraham in der Bibel, »der wird auch deine Nachkommen zählen.« (Gen 13,16) Der Sand in Celans Urnen – steht er für diese verheißenen Kinder Israel, die nun ermordet sind? Bezeichnet er ein Gleichnis?

Der Versuch einer Antwort auf diese Frage setzt den einlässlichen Umgang mit Celans Sprache voraus. Noch in Wien, kurz bevor er nach Paris geht, schreibt er Verse, die man ein Schwellengedicht nennen kann. Sie stehen auf der Grenze zwischen dem frühen und dem mittleren Werk – ihr Titel: »Auf Reisen«:

Es ist eine Stunde, die macht dir den Staub zum
Gefolge,
dein Haus in Paris zur Opferstatt deiner Hände,
dein schwarzes Aug zum schwärzesten Auge.

Es ist ein Gehöft, da hält ein Gespann für dein Herz.
Dein Haar möchte wehn, wenn du fährst – das ist ihm
verboten.
Die bleiben und winken, wissen es nicht.

Stehen der Titel »Auf Reisen« und das Eingangswort »Stunde« miteinander in Beziehung, ist es die Stunde, in der die Reise beginnt? Das Bild des ersten Verses scheint es zu bestätigen. Ein anrollendes Fahrzeug, vielleicht eine Kutsche, wirbelt den Staub auf, der dem Reisenden nachweht; die nächsten beiden Verse aber nehmen die Bewegung wieder zurück – zur selben Stunde, »in Paris«, wird das Haus des Reisenden zur »Opferstatt«, sein Auge wird das »schwärzeste«, alle Dynamik erstarrt. Die Fahrt mündet in ein Ritual der Trauer, und unmerklich verlagert sich das Gewicht von der ersten Zeile auf die zweite, gibt auch dem »Staub« eine andere Bedeutung. Er ist kein aufwirbelnder Sand mehr, sondern eine Metapher für die Toten; im »Gefolge« des Reisenden sind auch sie an der Opferstatt zugegen.

Wir kennen sie schon aus dem Frühwerk. Es ist der Sand aus den Urnen, in die der Dichter ihn gefüllt hat, um ihn in seinen Versen aufzubewahren. Celans Sprachwelt schreibt sich fort, sie legt ihre anfangs noch durchsichtige Symbolik ab und wird, indem sie einprägsame Bilder schafft, ambivalent: sie evoziert die Wüste vor dem Gelobten Land, den Sand an den Schuhen des Ewigen Juden, und ebenso den Staub in seiner Doppeldeutigkeit, als göttliche Verheißung und als Bild des sterblichen Menschen. »Denn Staub bist du«, so heißt es in der Bibel, »und zum Staub kehrst du zurück.« (Gen 3,19) Die Ambivalenz indes liegt weniger in der Mehrdeutigkeit der biblischen Assoziationen als in der Sprachstruktur des Gedichtes. Das Bild der anrollenden Kutsche, das wir uns für die erste Zeile gedacht haben, ist ja nirgends ausgeschrieben, es entsteht nur in der Vorstellung des Lesers. Die Zeile lässt sich nicht paraphrasieren, ihre Worte – »Stunde«, »Staub«, »Gefolge« – erlauben keine logische, sondern nur eine bildliche Vermittlung, und auch der Beginn der zweiten Strophe stellt den Leser vor eine ähnliches Aufgabe.

»Es ist ein Gehöft, da hält ein Gespann für dein Herz«: Die Eingangszeilen beider Gedichtstrophen weisen parallele Konstruktionen auf, und es scheint zunächst, als fände die vom Leser imaginierte Kutsche des Anfangs im »Gespann« der zweiten Strophe ihre Entsprechung. Aber ist es so? »Dein Haar möchte wehn, wenn du fährst«: Noch scheint der Fahrtwind zu wehen, der in der ersten Strophe den Staub aufgewirbelt hat, doch dann: »das ist ihm verboten« – und es erweist sich, dass die schon zu Anfang stillgelegte Bewegung auch in der zweiten Strophe nicht mehr aufkommt.

Man kann »ein Gespann für dein Herz« im Bild der Kutsche lesen, als »Kutsche nach dem Herzen«, in der man auf ersehnte »Reisen« geht. Erkennt man freilich den Stillstand in diesen Zeilen, so verändert sich das Bild. Auf dem Gehöft warten dann keine Pferde, das Herz auf Reisen zu nehmen, sondern der Satz ist wörtlich gemeint: Das »Gespann für dein Herz« ist ein Gestänge mit Joch und Zügeln, in dem das Herz selbst eingespannt bleibt; es kann den Ort nicht mehr verlassen, den das »schwärzeste

Auge« gesehen hat – ein Gehöft der schmerzlichen Erinnerung, das zur »Opferstatt« wird, zum Flucht- und Endpunkt aller Fahrten.

Der Titel, »Auf Reisen«, steht im Plural, denn wohin die Fahrten gehen, ist nicht zu sagen. Gehen sie nach Paris, ins Haus der Opferstatt, oder beginnen sie dort? Will der Reisende nach Paris, um das Ritual zu beginnen, oder will er fort von Paris, will er es beenden? Wie dem auch sei, es »ist ihm verboten«, zu fahren, die Kutsche rollt niemals an, und »die bleiben und winken, wissen es nicht«.

Wer sind sie, diese Winkenden? Sind es die Lebenden, die glauben, er breche zur Opferstatt auf; oder die Toten, die glauben, er kehre nach Vollendung des Rituals ins Leben zurück? Auf diese Frage gibt das Gedicht keine Antwort, denn sie – diese Frage – *ist* das Gedicht: Immer wird Celan auf der Grenze zwischen den Toten und den Lebenden verharren, immer wird er sich in seiner Dichtung beiden Welten zugehörig fühlen.

Später, in der Büchner-Preis-Rede, wird er die Orte und die Nicht-Orte seiner poetischen Landschaft umschreiben; hier, in einem frühen Gedicht, können wir beobachten, wie er sie entstehen lässt. Zeit und Raum dieser Verse, »Stunde« und »Gehöft«, sind auf der Trennlinie zwischen Sein und Nichtsein angesiedelt, sind »Immaterielles, aber Irdisches« wie ein Meridian: ein Haus in Paris und ein Treffpunkt mit den Toten – Ort und Nicht-Ort zugleich.

Deutlich ist in Celans Werk jene Gedächtnisspur zu erkennen, an der sich seit dem Zweiten Weltkrieg jüdische und deutsche Autoren unterscheiden. Schon der Titel des Bandes, dem das Gedicht »Auf Reisen« entnommen ist, *Mohn und Gedächtnis,* stellt Vergessen und Erinnerung einander gegenüber, und 1958, drei Jahre vor dem Büchner-Preis, nimmt Celan dazu öffentlich Stellung. Die Freie Hansestadt Bremen verleiht ihm ihren Literaturpreis – so beginnt seine Dankesrede:

> Denken und Danken sind in unserer Sprache Worte ein und desselben Ursprungs. Wer ihrem Sinn folgt, begibt sich in den Bedeutungsbereich von: »gedenken«, »eingedenk sein«, »Andenken«, »Andacht«. Erlauben Sie mir, Ihnen von hier aus zu danken.

Celan stellt das Denken vor den Dank und begründet seine Erinnerungsarbeit mit einer etymologischen Ableitung. Der Dank und das Andenken, so sagt er, habe in »unserer Sprache« den selben Ursprung, und in Bremen scheint er damit das dem Redner und den Hörern gemeinsame Deutsch zu meinen. Aber setzt Celan die von ihm geschaffene Sprache wirklich mit der Sprache seiner Hörer gleich? Evoziert er hier nicht das Wir, in dessen Namen er einst »Todesfuge« geschrieben hatte, identifiziert er sich nicht mit den Ermordeten seiner Dichtung? Er schildert die untergegangene Bukowina – »es war eine Gegend, in der Menschen und Bücher lebten« –, und dann sagt er es ganz deutlich:

> Sie, die Sprache, blieb unverloren, ja, trotz allem. Aber sie mußte nun hindurchgehen durch […] furchtbares Verstummen, hindurchgehen durch die tausend Finsternisse todbringender Rede. Sie ging hindurch und gab keine Worte her für das, was geschah; aber sie ging durch dieses Geschehen. Ging hindurch und durfte wieder zutage treten, »angereichert« von all dem.

Als Celan seine Bremer Rede hält, lebt er bereits seit zehn Jahren in Paris. Er hat sich aus dem deutschen Sprachraum zurückgezogen, um eine eigene Sprache zu schaffen und zu schützen. Viele seiner Gedichte, wie schon »Schwarze Flocken« und »Der Sand aus den Urnen«, formulieren eine Poetik. Eines von ihnen, aus dem

Band *Von Schwelle zu Schwelle* (1955), trägt den Titel »Sprich auch du«:

Sprich auch du,
sprich als letzter,
sag deinen Spruch.

Sprich –
Doch scheide das Nein nicht vom Ja.
Gib deinem Spruch auch den Sinn:
gib ihm den Schatten.

Gib ihm Schatten genug,
gib ihm so viel,
als du um dich verteilt weißt zwischen
Mittnacht und Mittag und Mittnacht.

Blicke umher:
sieh, wie's lebendig wird rings –
Beim Tode! Lebendig!
Wahr spricht, wer Schatten spricht.

Nun aber schrumpft der Ort, wo du stehst:
Wohin jetzt, Schattenentblößter, wohin?
Steige. Taste empor.
Dünner wirst du, unkenntlicher, feiner!
Feiner: ein Faden,
an dem er herabwill, der Stern:
um unten zu schwimmen, unten,
wo er sich schimmern sieht: in der Dünung
wandernder Worte.

Das lyrische Ich der herkömmlichen Dichtung verwandelt sich immer wieder in ein Du. Die Traditionen, aus denen es einst sprechen konnte, sind verloren, und erst die poetische Anweisung an dieses Du – es fülle den Sand in die Urnen, es mache sein Haus zur Opferstatt, es schirre den scheckigen Traum an – schafft die Voraussetzungen für des Dichters eigene Sprache. Nachdem alle anderen zu Wort gekommen sind, soll nun dieses Du als »letzter« sprechen, und sein »Spruch« steht unter einem doppelten Imperativ.

Zunächst ist dieser negativ: »Doch scheide das Nein nicht vom Ja.« Mehrmals schon haben wir die Ambivalenz in der Sprache Celans bemerkt, und hier erhebt er sie zu ihrem Gesetz. Sie muss eine Spannung aushalten und darf sich auf keine Seite schlagen, hat auf einer Grenze zu verharren wie der Reisende, der fährt, ohne zu fahren.

Aber nicht nur dem Nein muss sie folgen, sondern auch dem Ja: »Gib deinem Spruch auch den Sinn: / gib ihm den Schatten.« Wieder zeigt die Sprache ihre Gegensätzlichkeit, denn es gibt keinen Schatten ohne ein Licht. Während eines Sonnentages »verteilt« er sich um das Du, »zwischen / Mittnacht und Mittag und Mittnacht«, und die Begriffe, in denen Celan bald seine Dichtung beschreiben wird, künden sich an: Neigungswinkel, Licht der Utopie, Meridian.

In »Sprich auch du« entwirft er uns sein Welt-Bild und gibt den Worten eine andere, eigene Bedeutung. Sie muss nicht immer neu sein, oft leitet sie sich aus älteren Sprachschichten her wie in der Zeile »Gib deinem Spruch auch den Sinn«. Das Wort, wie in »Uhrzeigersinn«, bedeutet auch Richtung, und noch in Bremen wird er es später so verwenden. Über die Worte »Denken« und »Danken« heißt es dort, »Wer ihrem Sinn folgt, begibt sich in den Bedeutungsbereich von: ›gedenken‹ …«, und ähnlich weist er hier das Du an, seinem Spruch eine Richtung zu geben.

Wie das Wort »Sinn« nimmt auch der Zeiger dieser Sonnenuhr, der »Schatten« des Du, eine alte Bedeutung wieder auf, er weist ins Totenreich. »Beim Tode! Lebendig!« Die Zeile ist das Zentrum des Gedichtes, sie bezeichnet die letzte Grenze zwischen Nein und Ja, auf der der Dichter seinen Posten halten muss – doch was geschieht in der Nacht, wenn die Sonne nicht mehr scheint, wenn das Du seinem Spruch keinen Schatten geben kann?

»Wohin jetzt, Schattenentblößter, wohin?« Die Antwort auf diese Frage ist eine weitere Anweisung an das Du: »Steige. Taste empor.« In der Dunkelheit, da keine horizontale Schattenverteilung mehr möglich ist, soll es sich vertikal ausdehnen, bis es ganz dünn geworden ist: »Feiner, ein Faden«, der in den Himmel reicht.

Das Bild mutet surrealistisch an, aber Celan hat den Surrealismus längst hinter sich gelassen, und hier wird es uns wieder bewusst. Denn nicht das Du schreibt diese Zeilen, sondern das Ich, das hinter ihm steht, es hat das Du nur herausgestellt als eine Projektionsfigur für seine poetischen Wünsche. Ihr Schatten soll auf die Ermordeten weisen, das Totenreich lebendig machen, zu einem Faden werden, »an dem er herabwill, der Stern«, hinein in die »Dünung wandernder Worte« – ein Stück der Wahrheit im Meer leerer Reden, bevor das Du als »letzter« sprach: »Wahr spricht, wer Schatten spricht.«

Gegen Ende des Jahrzehnts, im August 1959, entsteht die Erzählung *Gespräch im Gebirg*, Celans einziger Prosatext. Wie viele seiner Gedichte baut auch sie sich aus der Begegnung von einem Ich und einem Du auf und gibt uns Auskunft über eine Welt, die im Hintergrund seiner Lyrik mitzudenken ist. So beginnt der Text:

> Eines Abends, die Sonne, und nicht nur sie, war untergegangen, da ging, trat aus seinem Häusel und ging der Jud, der Jud und Sohn eines Juden, und mit ihm ging sein Name, der unaussprechliche, ging und kam, kam dahergezockelt, ließ sich hören, kam am Stock, kam über den Stein, hörst du mich, du hörst mich, ich bins, ich, ich und der, den du hörst, zu hören vermeinst, ich und der andre, – er ging also, das war zu hören, ging eines Abends, da einiges untergegangen war, ging unterm Gewölk, ging im Schatten, dem eignen und dem fremden – denn

der Jud, du weißts, was hat er schon, das ihm auch wirklich gehört, das nicht geborgt wär, ausgeliehen und nicht zurückgegeben –, da ging er also und kam, kam daher auf der Straße, der schönen, der unvergleichlichen, ging, wie Lenz, durchs Gebirg, er, den man hatte wohnen lassen unten, wo er hingehört, in den Niederungen, er, der Jud, kam und kam.

Das Wort »Jude« oder eine seiner Zusammensetzungen findet sich selten in Celans Lyrik. Bisher hat er es nur ein einziges Mal verwendet, in »Todesfuge«, und auch später, im Werk der sechziger Jahre, wird er es kaum tun. Die Nazis haben es diskreditiert, im Nachkriegsdeutschland vermeidet man es – hier aber, als wolle er ein Tabu brechen, rückt er es ins Zentrum seines Textes.

Er sagt »der Jud«, und unangenehm fühlt man sich an die Sprache des *Stürmer* erinnert, aber immer zeigen seine Worte ein doppeltes Gesicht. Er scheidet das Nein nicht vom Ja, bringt in der Sprache der Antisemiten auch die Sprache der Juden selbst zu Gehör. Im Jiddischen reden sie einander mit *Jid* an, und im »Jud« gibt Celan dieser jüdischen Selbstbezeichnung einen deutschen Klang, schafft eine Mischform zweier Sprachen. Sie bestimmt auch die Syntax dieser Prosa – etwa in der deutsch-jiddischen Doppelfrage »hörst du mich, du hörst mich« – und zeichnet die Gedächtnisspur nach, die sein Werk durchzieht.

In Czernowitz ist Celan auf der Grenze zwischen den Ostjuden und der deutschen Kultur aufgewachsen, zu der er sich hingezogen fühlte und von der er sich auch nach der Katastrophe nicht mehr befreien konnte. Um »nichts in der Welt«, schreibt er 1948 in dem schon zitierten Brief nach Israel, gebe ein Dichter es auf, zu dichten, »auch dann nicht, wenn er ein Jude ist und die Sprache seiner Gedichte die deutsche«. In seinem einzigen Prosatext jedoch stellt er sich jetzt auf den Standpunkt des Ostjuden, sieht die von Deutschen zugrunde gerichtete Welt mit dessen Augen an.

»Eines Abends, die Sonne, und nicht nur sie, war untergegangen«: Aus östlicher Perspektive nimmt sich der Anfang der Erzählung wie eine Anspielung auf Spenglers *Der Untergang des Abendlandes* aus, einer von zahlreichen Texten, zu denen *Gespräch im Gebirg* sich in Beziehung setzen lässt. Das Abendland, der Westen, hat sich selbst zerstört, und der Jud, dem es immer als kulturelles Ideal gepriesen wurde, steigt aus den »Niederungen«, in die er verbannt war, zu den Höhen auf, um sich in einer untergegangenen Welt zu orientieren.

Doch das ist unmöglich. Die beiden Verben, die den langen Satz beherrschen, »gehen« und »kommen«, bezeichnen gegenläufige Bewegungen, hier aber scheinen sie austauschbar zu sein. Der Jud hat keinen Ort, von dem aus er sich als »gehend« oder »kommend« wahrnehmen ließe, er lebt in der Ortlosigkeit, von der Celan ein Jahr später in *Der Meridian* sprechen wird. Es ist der wandernde, der Ewige, der nicht zu erlösende Jude, der da »am Stock, über den Stein« kommt, er geht »›wie Lenz‹ durchs Gebirg«, den auch Georg Büchner in seiner Erzählung hat sagen lassen: »Doch mit mir ist's aus! Ich bin abgefallen, verdammt in Ewigkeit, ich bin der Ewige Jude.« In seiner Dankesrede für den Büchner-Preis stellt Celan die Verbindung her:

> Und vor einem Jahr […] brachte ich eine kleine Geschichte zu Papier, in der ich einen Menschen »wie Lenz« durchs Gebirg gehen ließ.
>
> Ich hatte mich, das eine wie das andere Mal, von einem »20. Jänner«, von meinem »20. Jänner«, hergeschrieben.
>
> Ich bin … mir selbst begegnet.

»Den 20. Jänner ging Lenz durchs Gebirg« – so beginnt Büchners Erzählung. Es ist das Jahr 1778, Jakob Michael

Reinhold Lenz, der Dichter des Sturm und Drang, ist auf dem Weg ins Steintal, wo Pfarrer Oberlin den geistig bereits Erkrankten in Obhut nehmen wird; und am 20. Januar 1942 findet die Wannseekonferenz statt, auf der die »Endlösung der Judenfrage« beschlossen wird: Das sind die beiden Daten, von denen Celan sich »herschreibt«.

Im Jahr 1779, als der Boden unter Reinhold Lenz schon schwankt, veröffentlicht Lessing den *Nathan,* sein Hohelied auf die Vernunft und zugleich der Text, in dem die deutsche Kultur ihr Bündnis mit den Juden zu schließen scheint. Die Eckdaten, zwischen denen *Gespräch im Gebirg* seine Form gewinnt, machen die melancholische Ironie der Erzählung spürbar, und das Jiddisch unter ihrem Deutsch gibt dem Juden keineswegs Sicherheit. Hier findet keine Rückkehr zu den verlorenen Wurzeln statt, im Gegenteil. »[…] ich liebte die Kerze, die da brannte«, wird Celans Jud später über das einstige Symbol seiner metaphysischen Geborgenheit sagen, über den Sabbatleuchter, »[…] ich liebte, Geschwisterkind, nicht sie, ich liebte ihr Herunterbrennen«. Denn nicht nur das deutsche Judentum, auch das Ostjudentum ist untergegangen; und nicht nur Lessings *Nathan,* sondern auch die Lichtsymbole der jüdischen Tradition haben sich in Schatten verwandelt.

Wer ist das »Geschwisterkind«, an das der Jud das Wort richtet? »Ich bin … mir selbst begegnet«, sagt Celan in *Der Meridian.* Ist es das Gegenüber, in das er sein Ich aufspaltet, um diese Selbstbegegnung vollziehen zu können? Schon früh taucht es auf, im Anschluss an den Eröffnungssatz:

Und wer, denkst du, kam ihm entgegen? Entgegen kam ihm sein Vetter, sein Vetter und Geschwisterkind, der um ein Viertel Judenleben ältre, groß kam er daher, kam, auch er, in dem Schatten, dem geborgten […], Groß kam auf Klein zu, und

Klein, der Jude, hieß seinen Stock schweigen vor dem Stock des Juden Groß.

Spielt Celan mit dem »Juden Groß« auf Adorno an, den er in Sils-Maria hätte treffen sollen? Eine biografisch orientierte Forschung wird bemüht sein, die Belege dafür zusammenzutragen, aber selbst, wenn es so wäre – erhellt es das Gespräch, das die beiden nun führen? So beginnt ihr Dialog:

»Bist gekommen von weit, bist gekommen hierher …«
»Bin ich. Bin ich gekommen wie du.«
»Weiß ich.«
»Weißt du. […]«

»Weiß ich« und »Weißt du« – mehrmals werden sich diese Repliken in der Erzählung wiederholen. Beide sind »von weit« gekommen, ein ganzes Leben liegt hinter ihnen, und ihr gemeinsames Wissen darum, das keiner Worte bedarf, ist die jüdische Gedächtnisspur in Celans Werk, die Familienerinnerung dieser »Geschwisterkinder«.

»Weißt du. Weißt du und siehst: Es hat sich die Erde gefaltet hier oben, hat sich gefaltet einmal und zweimal und dreimal, und hat sich aufgetan in der Mitte, und in der Mitte steht ein Wasser, und das Wasser ist grün, und das Grüne ist weiß, und das Weiße kommt von noch weiter oben, kommt von den Gletschern, […] das ist die Sprache, die hier gilt, das Grüne mit dem Weißen drin, eine Sprache, nicht für dich und nicht für mich – denn, frag ich, für wen ist sie denn gedacht, die Erde, nicht für dich, sag ich, ist sie gedacht, und nicht für mich […].«

Das Auffalten der Erde, das der Jude Groß beschreibt, ist eine wissenschaftlich genaue Wiedergabe der geologischen Vorgänge, die zur Entstehung des Gebirges geführt haben, in Celans Sprache aber ist es noch mehr. Das jiddische »hat sich gefaltet einmal und zweimal und dreimal« lässt die christliche Dreifaltigkeit anklingen, einen Schöpfungsbericht im Zeichen des Abendlandes, und damit eine Absage an die Juden. Was »von noch weiter oben« kommt, ist das Eis, eine gefrorene Sprache, den Juden unzugänglich wie die gesamte Erde: »nicht für dich und nicht für mich«.

Begegnet der Ewige Jude hier seinem Ebenbild, ist der Jude Groß ein Toter? Das Motiv des Schattens, schon in »Sprich auch du« der Welt der Gestorbenen zugeordnet, legt es nahe. Celans Sprache lässt solche und andere Deutungen zu, aber sie sind nicht zwingend. Denn warum sollte der Jude Klein, der ja ebenfalls »im Schatten« geht, nicht auch ein Toter sein, und wie ließe sich dann der Gedanke der Selbstbegegnung, die Celan hier inszeniert, aufrechterhalten?

Es ist der Jude Klein, dem der weitaus längste Teil des Dialogs vorbehalten ist. Er erzählt dem anderen aus seiner Vergangenheit:

> »Auf dem Stein bin ich gelegen, damals, du weißt, auf den Steinfliesen; und neben mir, da sind sie gelegen, die andern, die wie ich waren, die andern, die anders waren als ich und genauso, die Geschwisterkinder; […] und sie liebten mich nicht und ich liebte sie nicht, denn ich war einer, und wer will Einen lieben, und sie waren viele, mehr noch als da herumlagen um mich, und wer will alle lieben können, […] ich liebte die Kerze, die da brannte, links im Winkel, ich liebte sie, weil sie herunterbrannte […].«

Hier spricht er von der Kerze, deren Herunterbrennen er liebt, und er schickt ein Geständnis voraus: Seine »Geschwisterkinder«, die Juden, mit denen er »damals, du weißt, auf den Steinfliesen« gelegen hatte – die liebte er nicht. Meint Celan sich selbst, sind es die Steinfliesen im Arbeitslager, haben die Nazis ihm die Familie wieder aufgezwungen, aus der er in die deutsche Kultur entkommen wollte? Verwandelt er sich in den »Jud« zurück, der er einst gewesen ist, nimmt er in seiner Erzählung »eine Art Heimkehr« vor?

So drückt er es ein Jahr später in *Der Meridian* aus. Auf den Spuren von Lenz und Karl Emil Franzos sucht er dort die Orte seiner Herkunft auf und deutet seine Dichtung als

> Begegnungen, Wege einer Stimme zu einem wahrnehmenden Du, kreatürliche Wege, Daseinsentwürfe vielleicht, ein Sichvorausschicken zu sich selbst, auf der Suche nach sich selbst ... Eine Art Heimkehr.

Immer, in seinen Gedichten wie in seiner einzigen Erzählung, ist das Zwiegespräch mit einem Gegenüber vernehmbar. Auch der Jud in den Bergen geht die »Wege einer Stimme zu einem wahrnehmenden Du«, und am Schluss wird deutlich, dass auch er, wie viele andere Stimmen in Celans Werk, »auf der Suche nach sich selbst« war. So endet der Text:

> »wir, die Juden, die da kamen, wie Lenz, durchs Gebirg, du Groß und ich Klein, [...] wir mit den Stöcken, wir mit unsern Namen, den unaussprechlichen, wir mit unserm Schatten, dem eignen und dem fremden, du hier und ich hier –
>
> – ich hier, ich; ich, der ich dir all das sagen kann, sagen hätt können; der ich dirs nicht sag und nicht gesagt hab; [...] ich mit der heruntergebrannten, der Kerze, [...] ich hier und ich dort, ich, begleitet vielleicht – jetzt! – von der Liebe der Nichtgeliebten, ich auf dem Weg hier zu mir, oben.«

Hört man genau hin, so verschiebt sich im letzten Teil dieses Abschlusses ein weiteres Mal die Perspektive. Die Zeile bricht unvermittelt ab, und das Ich, das nun spricht, ist nicht mehr der Jude Klein, es ist ein anderer. »Der ich dirs nicht sag und nicht gesagt hab«, heißt es plötzlich. Wie in »Sprich auch du« tritt am Ende der Dichter hervor und gibt zu erkennen, dass der Jud, der hier zu sprechen schien, nur eine Projektionsfigur war; dass das Gespräch im Gebirg niemals stattfand, weil die Toten tot sind; und dass sie – die einstmals Nichtgeliebten, die

Geschwisterkinder – den Dichter nun dennoch begleiten: im Text.

Das Familienmotiv ist der Erzählung schon im ersten Satz eingeschrieben. Der Mann im Gebirge ist ein »Jud und Sohn eines Juden«, und entgegen kommt ihm sein »Geschwisterkind«. Das Kompositum gibt es im deutschen Sprachgebrauch nicht, es bildet ein Gefüge, das sich wie viele Wörter Celans semantisch nicht eindeutig fassen lässt. Ist der Jude Groß das Kind eines Bruders oder einer Schwester des Juden Klein, ist er sein Neffe? Das ist kaum anzunehmen, denn er ist älter als Klein, und auch die anderen Juden »auf den Steinfliesen« nennt Klein später seine »Geschwisterkinder«. Eine Verwandtschaft wird angedeutet, ohne sie festzulegen, aber ihr Quellpunkt ist leicht auszumachen.

Die Juden verstehen sich als Nachkommen einer alten Familie, ihr Stammvater ist Abraham – das ist ihr Ursprungsmythos. Schon in dem Gedicht »Schwarze Flocken« spricht Celan von den ermordeten Juden als »Jaakobs himmlische[m] Blut«, und auch in »Sand aus den Urnen« sind biblische Spuren noch zu erkennen. Aber die Urfamilie stand unter dem Schutz Gottes, und hier, in *Gespräch im Gebirg*, ist die Sabbatkerze, das Symbol dieses Schutzes, längst heruntergebrannt.

Die biblischen Anspielungen können nicht mehr als Gleichnisse dienen, denn nicht nur die Sonne ist in dieser kalten, menschenleeren Gebirgswelt untergegangen. Im Anfangssatz lässt Celan noch offen, ob der Jud mit Gott geht. »Und mit ihm«, heißt es, »ging sein Name, der unaussprechliche«. Der Name, *ha'Schem*, steht für den Schöpfer der Welt, deshalb darf er nicht ausgesprochen werden, aber die Worte können auch anders gemeint sein, profaner – der Jude trägt einen jiddischen Namen, der im Deutschen schwer auszusprechen ist. Welche der beiden Deutungen gültig ist, lässt sich nicht entscheiden, es ist aber von Bedeutung, dass Celan im Schlusssatz die Formulierung noch einmal wiederholt. Mit einem gewichtigen Unterschied: »wir mit unsern Namen, den unaussprechlichen«, heißt es nun, und in dieser Pluralform kann der monotheistische Gottesname nicht mehr mitgedacht werden.

Auf der Grenze zwischen den Jahrzehnten ist auch *Gespräch im Gebirg* als ein Schwellentext zu lesen – in den sechziger Jahren gewinnt das Judentum in Celans Poetik an Gewicht. Deutlich wird das im Band *Die Niemandsrose* (1963), dort steht das Gedicht

PSALM

Niemand knetet uns wieder aus Erde und Lehm,
niemand bespricht unsern Staub.
Niemand.

Gelobt seist du, Niemand.
Dir zulieb wollen
wir blühn.
Dir
entgegen.

Ein Nichts
waren wir, sind wir, werden
wir bleiben, blühend:
die Nichts-, die
Niemandsrose.

Mit
dem Griffel seelenhell,
dem Staubfaden himmelswüst,
der Krone rot
vom Purpurwort, das wir sangen
über, o über
dem Dorn.

Der Titel scheint die Strophen in eine eindeutige Tradition zu stellen, ist dies aber wirklich so? »Gelobt seist du, Niemand«: Wen spricht dieser Vers an, ist »Niemand« der Name Gottes in Celans Lobgesang? Schon *Gespräch im Gebirg* wirft die Frage nach dem Gottesnamen auf, dort findet sich eine ähnliche Formulierung. »Denn zu wem redet er, der Stock?« fragt der Jude Groß. »Er redet zum Stein, und der Stein – zu wem redet der?« Und der Jude Klein antwortet:

»Zu wem, Geschwisterkind, soll er reden? Er redet nicht, er spricht, und wer spricht, Geschwisterkind, der redet zu niemand, der spricht, weil niemand ihn hört, niemand und Niemand, und dann sagt er […]: Hörst du?«

Wiederum vervielfältigt sich das Wort »niemand«, es wird mehrmals klein und einmal groß geschrieben, und schließlich sagt der Stein zu Niemand: »Hörst du?« Ist das eine gequälte Gegenfrage an Gott, der sich im *Schema Israel* – »Höre Israel« – an die Juden wendet und ihnen das Bekenntnis zu Seiner Einzigkeit auferlegt? Auch dieser Sinn ist in Celans Wort angelegt, doch steht er keineswegs allein, und in »Psalm« vertieft sich seine Vieldeutigkeit noch.

»Niemand knetet uns wieder aus Erde und Lehm«: Wird das Wort hier groß geschrieben, weil »Niemand« der Name eines unnennbaren Wesens ist, oder weil es am Anfang eines Satzes steht und eigentlich als »niemand« zu lesen ist, wie im zweiten Vers? Die Frage ist entscheidend, weil sich je nach Antwort der Sinn der Eingangszeile ändert: Knetet »Niemand« uns »wieder aus Erde und Lehm«, so findet eine Neuschöpfung statt; ist es »niemand«, bleiben die Toten tot.

Dreimal wird das Wort in der ersten Strophe verwendet, aber die Frage bleibt offen. Erst in der zweiten

Strophe, im vierten Vers, scheint die Entscheidung für »Niemand« zu fallen, doch das könnte schon ironisch gemeint sein, als spöttische Verbeugung vor einer Abwesenheit. In dieser Strophe verändert sich auch die Perspektive, die Wir-Sprecher rücken in den Mittelpunkt. »Dir zulieb wollen / wir blühn«, sagen sie. »Dir / entgegen.« Sie übernehmen die Initiative, im »entgegen« deutet sich sogar ein für den Psalm ungewöhnlicher Widerspruch an, und von nun ab sprechen sie von sich selbst: In der dritten Strophe geben sie sich zu erkennen; diese Strophe bildet nicht nur das Zentrum des Gedichtes »Psalm«, sondern auch des gesamten Gedichtbandes.

»Ein Nichts / waren wir, sind wir, werden / wir bleiben, blühend:« Die Zeilen sind der Berufung nachgeformt, die aus dem brennenden Dornbusch an Moses ergeht. Hier seien zunächst einige Verse aus dem Buch Exodus zitiert:

Mose aber hütete die Schafe Jethros [...]. Und der Engel des Herrn erschien ihm in einer feurigen Flamme aus dem Dornbusch. Und er sah, daß der Busch im Feuer brannte und doch nicht verzehrt wurde. Da sprach er: Ich will hingehen und die wundersame Erscheinung besehen, warum der Busch nicht verbrennt. (Ex 3,1–3)

Aus den Flammen verkündet ihm Gott die Errettung der Kinder Israel, und Moses bittet um seinen Namen:

Mose sprach zu Gott: Siehe, wenn ich zu den Kindern Israel komme und spreche zu ihnen: Der Gott eurer Väter hat mich zu euch gesandt! und sie mir sagen werden: Wie ist sein Name?, was soll ich ihnen sagen? Gott sprach zu Mose: Ich werde sein, der ich sein werde. (Ex 3,13–14)

Gott gibt sich als der Ewige zu erkennen, und der brennende Busch, der nicht verzehrt wird, ist das Bild seiner Unsterblichkeit. Bei Celan sind die Rollen vertauscht: Hier sind es die Beter des Psalms, die sich aus der Zeit herausheben. Zwar mögen sie tot sein und müssten »wieder aus Erde und Lehm« geknetet werden, doch auch sie, wie der Dornbusch, sind eine unsterbliche Pflanze. »Ein Nichts / waren wir, sind wir, werden / wir bleiben, blühend.« Auch sie, auf ihre nichtige Weise, sind ewig – Ewige Juden vielleicht, die nicht sterben können, selbst wenn man sie ermordet hat.

Auf mehrfache Weise kehrt Celans »Psalm« die Offenbarungsszene am brennenden Dornbusch um. Die Bibel spricht von Gott als dem Ewigen, das Gedicht spricht sich dem Nie zu; der Ewige rettet die Kinder Israel, Niemand hat sie untergehen lassen; und nicht er, sondern die Beter geben sich am Ende zu erkennen: als »die Nichts-, die / Niemandsrose«, eine Pflanze aus der Leere, und zugleich der nach ihnen benannte Gedichtband – Celans Kanon auf der Grenze von Leben und Tod.

Einst, in der Bibel, war der Mensch als das Ebenbild Gottes erschaffen worden. Es war das Erste aller Gleichnisse, dem schon Heine eine neue Form zu geben suchte, und jetzt, in seinem »Psalm«, kehrt Celan es um. In der letzten Strophe des Gedichtes wird die Rose dargestellt, und sie ist alles in einem – Inbild des Menschen, Pflanze und Text. Ihr Griffel ist Schreibgerät des Dichters und Fortpflanzungsorgan der Blume; ihr Staubfaden ist Celans Todesmotiv und Lebensträger der Rose; ihre Krone ist das Prunkstück ihrer Schönheit und der Schmuck der heiligen Schriftrolle, in der die Verse Gottes stehen: »rot / vom Purpurwort« – und zugleich von der blutenden Wunde, die der Dorn ihr geschlagen hat.

Man hat versucht, nicht nur »Psalm«, sondern auch andere Gedichte Celans im Licht des Psalters zu deuten; aber die Tradition, die hier aufgerufen wird, ist in ihrer

Gebrochenheit so unkenntlich geworden, dass zu fragen ist, ob sie sich tatsächlich in diesen Texten findet, oder nur noch in den Assoziationen, mit denen der Leser sie zu entschlüsseln sucht.

Seine Gedichte, sagt Celan in *Der Meridian,* seien »Begegnungen, Wege einer Stimme zu einem wahrnehmenden Du« – und dieses Du ist immer auch der Leser. »Psalm« wendet sich an ihn, senkt ihm seine Zeilen wie Stablampen ins Dunkel der Erinnerung und fordert ihn auf, das Vergessene heraufzuholen, das dort auftaucht. Sag mir, so scheint das Gedicht zum Leser zu sagen, wie du mich verstehst – und ich sage dir, wer du bist.

Celans Gedichte sind oft Dialoge, und ein solches widmet er Nelly Sachs. Er stand mit ihr seit 1954 in brieflichem Kontakt, lernte sie aber erst 1960 persönlich kennen. Die im schwedischen Exil lebende Dichterin hatte den Meersburger Droste-Preis erhalten, doch sie wollte nicht auf deutschem Boden übernachten und nahm daher ein Hotel in Zürich. Dort trafen sie sich, sprachen über ihr gemeinsames Judentum und über ihre Gottesbegriffe, die sich voneinander unterschieden. »26 mai«, notiert Celan,

Hotel zum Storchen
4h Nelly Sachs, allein. »Ich bin ja gläubig.« Als ich darauf sage, ich hoffe, bis zuletzt lästern zu können: »Man weiß ja nicht, was gilt.«

Sein Gedicht für Nelly Sachs beschreibt ein Gespräch und bringt zugleich das Unausgesprochene zu Gehör. Der 26. Mai 1960, ein Donnerstag, war Christi Himmelfahrt. Celan benennt sein Thema, Gott, und er setzt es in Bilder, die jüdisch sind und zugleich über das Judentum hinausweisen. Sie entstehen wenige Monate vor »Psalm« und haben das Hotel zum Titel, in dem die Dichterin wohnte: am Ufer der Limmat, wo schräg gegenüber, auf der anderen Seite des Flusses, die Türme des Großmünsters aufragen.

ZÜRICH, ZUM STORCHEN

Für Nelly Sachs

Vom Zuviel war die Rede, vom
Zuwenig. Von Du
und Aber-Du, von
der Trübung durch Helles, von
Jüdischem, von
deinem Gott.

Da-
von.
Am Tag einer Himmelfahrt, das
Münster stand drüben, es kam
mit einigem Gold übers Wasser.

Von deinem Gott war die Rede, ich sprach
gegen ihn, ich
ließ das Herz, das ich hatte,
hoffen:
auf
sein höchstes, umröcheltes, sein
haderndes Wort –

Dein Aug sah mir zu, sah hinweg,
dein Mund
sprach sich dem Aug zu, ich hörte:

Wir
wissen ja nicht, weißt du,
wir
wissen ja nicht,
was
gilt.

Quellen und Literatur

Vom Verlust der Gleichnisse

Die Zitate Erich Auerbachs in: ders., Mimesis, Bern 1946, 20 und 78. – Die jüdische Exegese der Bindung Isaaks wird ausführlich dargestellt in Verena Lenzen, Jüdisches Leben und Sterben im Namen Gottes. Studien über die Heiligung des göttlichen Namens (Kiddusch HaSchem), München 1995, 49–86; dort auch ein Vergleich zwischen Kafka und Søren Kierkegaard, Furcht und Zittern, 53–57. Zur Bindung Isaaks als Präfiguration der Kreuzigung und ähnlich konkurrierenden Eschatologien von Juden- und Christentum vgl. unten die Literatur zu Heines *Rabbi von Bacherach.*

Franz Kafkas Brief zit. nach: ders., Briefe 1902–1924, Frankfurt a. M. 1975, 334.

Zum Einfluss des protestantischen Pfarrhauses auf die deutsche Literatur noch immer ertragreich: Albrecht Schöne, Säkularisation als sprachbildende Kraft. Studien zur Dichtung deutscher Pfarrersöhne, Göttingen 1958. – Martin Luthers *Kleiner Katechismus* wird zit. nach der Onlineversion der Evangelisch-Lutherischen Freikirche, Berlin 1987, 4. Hauptstück, Taufe 1 und 3, sowie 6. Hauptstück, Abendmahl 1.

Das Zitat von Thomas Mann in: ders., Buddenbrooks, Frankfurt a. M. 1967, 5. – Wie sich das Verständnis der Bibel im Übergang zur Moderne wandelt, ist gut dokumentiert in: Steffen Martus/Andrea Polaschegg (Hgg.), Das Buch der Bücher – gelesen. Lesarten der Bibel in den Wissenschaften und Künsten, Bern 2006.

Hans Blumenberg wird zit. nach: ders., Die Legitimität der Neuzeit, Frankfurt a. M. 1996, 169. – Zur Welt der Frühen Neuzeit als Kunst- und Menschenwerk vgl. Jacob Burckhardt, Die Kultur der Renaissance in Italien, Stuttgart 1987. – Das wenig bekannte Leben des Doktor Faust wurde ausführlich recherchiert von Günther Mahal: Faust. Die Spuren eines geheimnisvollen Lebens, Bern/München 1980. – Mit der Sage von der Erschaffung des Golem, die dem Prager Rabbiner Judah Löw

(1525–1609) zugeschrieben wird, findet die neue Selbstherrlichkeit des Menschen wenig später auch in der jüdischen Geistesgeschichte einen Ausdruck.

Martin Luthers *Von der Freiheit eines Christenmenschen* ist Teil des Projekts Gutenberg-DE (Druckansicht).

Thomas S. Kuhn, The Structure of Scientific Revolutions, Chicago, Ill./London 1996, zieht die Parallele zur Theologie (136), die Seiten 170–173 handeln vom Verzicht auf die Teleologie. Es ist bezeichnend, dass die von Kuhn beschriebene Dynamik nur im lateinischen Westen stattfand, nicht aber im Einflussbereich der griechisch-orthodoxen Kirche.

Die erwähnte mittelalterliche Version der Ringparabel findet sich u. a. bei Johann Georg Theodor Grässe, Das älteste Märchen- und Legendenbuch des christlichen Mittelalters oder die Gesta Romanorum, Dresden/Leipzig 1842, Bd. 1, 182. – Giovanni Boccaccio lässt im *Decamerone* seine Version als dritte Novelle des ersten Tages erzählen: »Der Jude Melchisedech wendet mit der Geschichte von den drei Ringen eine große Gefahr von sich ab, die ihm von Saladin drohte«, in: Das Dekameron des Giovanni Boccaccio. Erster bis fünfter Tag, Berlin/Weimar 1975, 67–71 (nach der von Charles S. Singleton besorgten kritischen Ausgabe von Ruth Macchi übersetzt). Die *Abhandlungen über die Fabel* werden zit. nach: Lessings Werke, hg. von Georg Witkowski, Meyers Klassiker-Ausgaben, Leipzig/Wien o. J., Bd. 3, 427; zu Lessings Veränderung des antiken Fabelmusters vgl. Dolf Sternberger, Über eine Fabel von Lessing, in: Gerhard und Sibylle Bauer (Hgg.), Gotthold Ephraim Lessing. Wege der Forschung, Bd. 211, Darmstadt 1968, 245–259. – Zum Streit zwischen Lessing und der protestantischen Orthodoxie siehe: Lessing contra Goeze, in: Text + Kritik, H. 26/27, Stuttgart 1970. – Die Zitate aus *Nathan der Weise* folgen der oben genannten Ausgabe der Werke Lessings, hg. von Georg Witkowski, Bd. 2, 346, 3. Aufzug, 7. Auftritt, Verse 2040–2053 (Worte des Richters) und 341, 3. Aufzug, 6. Auftritt, Verse 1866–1869 (Nathans Monolog). – Zur frühkapitalistischen Interpretation der Ringparabel vgl. Jochen Hörisch, Äquivalenzen, Gleichgültigkeiten, Ringe. Das Geld der Literatur, in: Merkur 563 (Februar 1996), 127–137; sowie ausführlicher ders., Kopf oder Zahl. Die Poesie des Geldes, Frankfurt a. M. 1998, hier bes. 193–214. – Zu Lukas 15,11–32 und seiner literarischen Rezeption in Neuzeit und Moderne vgl. Werner Brettschneider, Die Parabel vom verlorenen Sohn. Das biblische Gleichnis in der Entwicklung der europäischen Literatur, Berlin 1978.

Über die jüdischen Leser des *Nathan* informiert Barbara Fischer, Nathans Ende? Von Lessing zu Tabori. Zur deutsch-jüdischen Rezeption von »Nathan der Weise«, Göttingen 2000.

Ein besseres Lied – Heinrich Heine

Heines Werk wird zit. nach der Ausgabe im Deutschen Taschenbuch Verlag: Heinrich Heine, Sämtliche Schriften in sieben Bänden, hg. von Klaus Briegleb, München 1968–1976 (nachfolgend HB). – Der Titel, »Ein besseres Lied«, stammt aus *Deutschland. Ein Wintermärchen*, HB, Bd. 4, 578.

Die Zitate aus *Ideen. Das Buch Le Grand* finden sich ebd., Bd. 2, 271 und 281 f., »Die Grenadiere«, ebd., Bd. 1, 47 f.

Zum deutschen Judentum nach dem Wiener Kongress vgl. Deutsch-jüdische Geschichte in der Neuzeit, hg. von Michael A. Meyer unter Mitwirkung von Michael Brenner, Bd. 2: Michael Brenner/Stefi Jersch-Wenzel/Michael A. Meyer, Emanzipation und Akkulturation 1780–1871, München 1996, 35–284; zu den Hep-Hep-Ausschreitungen ebd., 43–45, sowie Helmut Berding, Moderner Antisemitismus in Deutschland, Frankfurt a. M. 1988, 66–71. – Zum Programm des Culturvereins siehe Immanuel Wolf, Ueber den Begriff einer Wissenschaft des Judenthums, in: Zeitschrift für die Wissenschaft des Judenthums. Hg. von dem Verein für Cultur und Wissenschaft der Juden. (Redakteur: Zunz Dr.), Berlin 1822, Erster Band. Erstes Heft, 1–24.

Die Zitate aus *Der Rabbi von Bacherach* nach HB, Bd. 1, 462 f. – Nach Heine findet sich das Thema der Ritualmordlegende u. a. auch bei Else Lasker-Schüler und Arnold Zweig. – Im Christentum gilt schon die Bindung Isaaks als Präfiguration der Kreuzigung; die Ableitung des Abendmahls aus der Pessachfeier, die Jesus am Vorabend seines Todes abgehalten haben soll, ist allerdings umstritten, denn er ist wohl nicht am Feiertag, sondern am Tag zuvor, am sogenannten Rüsttag, gekreuzigt worden – so, abweichend von den Synoptikern, angegeben in Joh 19,14. Die Verschiebung der Kreuzigung auf den Feiertag selbst dient der Gleichsetzung seines Todes mit der Opferung des Osterlamms. – Zur Ausgestaltung der Pessach-Aggada und der Osterliturgie als konkurrierende Eschatologien vgl. den hebräischsprachigen Artikel von Israel Jacob Yuval, The Haggadah of Passover and Easter, in: Tarbiz 65 (1995), H. 1, 5–28. – Ausführlicher zu Culturverein und *Der Rabbi von Bacherach* siehe

Jakob Hessing, Der Traum und der Tod. Heinrich Heines Poetik des Scheiterns, Göttingen 2005, 182–196 und 221–263.

Das Zitat aus *Die Harzreise* nach HB, Bd. 2, 161 f.

Die Zitate aus der *Augsburger Allgemeinen Zeitung* sind Teil von *Lutetia. Berichte über Politik, Kunst und Volksleben*, abgedruckt in HB, Bd. 5, 267 f. und 270.

Die Damaskusaffäre ist ausführlich dargestellt bei Jonathan Frankel, The Damascus Affair. »Ritual Murder«, Politics, and the Jews in 1840, Cambridge 1997; zur Affäre als Schwellenereignis der jüdischen Geschichte vgl. Dan Diner, Ubiquitär in Zeit und Raum. Annotationen zum jüdischen Geschichtsbewusstsein, in: ders. (Hg.), Synchrone Welten. Zeitenräume jüdischer Geschichte, Göttingen 2005, 22–32.

Das Gedicht »Ich weiß nicht was soll es bedeuten« (»Loreley«) findet sich in HB, Bd. 1, 107, »Der Apollogott«, ebd., Bd. 6/I, 32–36 (hieraus Zitate auch im Weiteren).

Zum biblischen Felsen der Kirche vgl. Mt 16,18: »Du bist Petrus, und auf diesem Felsen will ich meine Kirche errichten und die Pforten der Hölle werden sie nicht überwältigen.«

Die Zitate aus »Seraphine« nach HB, Bd. 4, 324 f. und 327.

Einschlägig zu Heine und den Saint-Simonisten: Dolf Sternberger, Heinrich Heine und die Abschaffung der Sünde, Hamburg 1972, 33–38 und 52–149; zu der Vermutung, dass das Interesse an dieser Lehre Heine zum Umzug nach Frankreich bewogen habe, vgl. ebd., 53 f. – In ein breites, weit über die Saint-Simonisten hinausgreifendes Spektrum politischer Bewegungen im Frankreich nach der Julirevolution wird Heine in der Biografie von Jochanan Trilse-Finkelstein gestellt: Heinrich Heine. Gelebter Widerspruch, Berlin 2001, 209–302.

Das Zitat aus *Atta Troll* nach HB, Bd. 4, 502. – Zur Legende vom Fliegenden Holländer: Aus den Memoiren des Herren von Schnabelewopski, ebd., Bd. 1, 503–556, hier 528–532, die Zitate aus *Deutschland. Ein Wintermärchen*, ebd., Bd. 4, 577 f.

Der Begriff »Mitjawním« leitet sich von »Jawán« ab, dem hebräischen Wort für »Griechenland«. Eine kritische Wertung des Kampfes der Makkabäer gegen die Seleukiden bietet Micha Brumlik, Kurze Geschichte Judentum, Berlin 2009, 24–30. – Heines Gedicht vom abtrünnigen Vorbeter enthält noch eine weitere ironische Komponente. Es ist kein Zufall, dass die Nonne ihre Auskunft über den Sänger in Holland erhält; dort hatten viele von der spanischen Inquisition verfolgte, zwangsgetaufte und nur scheinbar zum Christentum übergetretene Juden, sogenannte Marranen, Zuflucht gefunden.

Schiller schrieb diesen Brief am 23. August 1794; er wird zit. nach Goethe – Schiller, Briefwechsel, Frankfurt a. M. 1961, 11. – Auch Hegel, dessen Geschichtsdenken Heine in den dreißiger Jahren teilweise folgt, hat eine Antithese von Judentum und Griechentum postuliert, sie findet für ihn aber im Christentum ihre Synthese. Heine dagegen setzt Juden und Christen im Begriff »Nazarener« gleich und trennt sich hier schon verhältnismäßig früh von Hegel, dessen gesamtes Gedankensystem er erst in seinen letzten Lebensjahren ablehnen wird. Vgl. hierzu Ritchie Robertson, Heine, Wien 1997, 39–41.

Goethes Aufsatz über Winckelmann wird zit. nach Goethe, Werke, Frankfurt a. M. 1965, Bd. 6, 271 f.

Die Zitate aus *Ludwig Börne, Eine Denkschrift* nach HB, Bd. 4, 18, 35, 126 und 143, diejenigen aus dem Nachwort zum *Romanzero* nach ebd., Bd. 6/I, 184 und 182. – Das Gleichnis vom verlorenen Sohn wird erzählt in Lk 15,11–32.

Zitate aus *Zur Geschichte der Religion und Philosophie in Deutschland* nach HB, Bd. 3, 569, 571 und 509–511; das Enfantin-Zitat steht hier auf Seite 602, dasjenige aus *Geständnisse,* ebd., Bd. 6/I, 480 f.

Vater und Sohn – Franz Kafka

Kafkas Werk wird zit. nach der Kritischen Ausgabe im Fischer Taschenbuch Verlag (nachfolgend KKA): Franz Kafka, Schriften. Tagebücher. Kritische Ausgabe, hg. von Gerhard Neumann u. a., Frankfurt a. M. 2002.

Zu Berthold Auerbach vgl. B. A. 1812–1882, in: Marbacher Magazin, Sonderheft 36/1985; zu Karl Emil Franzos Gabriele von Glasenapp, Aus der Judengasse. Zur Entstehung und Ausprägung deutschsprachiger Ghettoliteratur im 19. Jahrhundert, Tübingen 1996. – Zu Adaptationen des Gleichnisses vom verlorenen Sohn im 16. Jahrhundert und später siehe wiederum Brettschneider, Die Parabel vom verlorenen Sohn, 27–40.

Rainer Maria Rilke wird zit. nach: ders., Werke in drei Bänden, Frankfurt a. M. 1966, Bd. 3, 338 und 345 f. – Ein späterer Einfluss der Psychoanalyse auf Rilkes Gedankenwelt darf als sicher gelten. Seine einstige Geliebte und lebenslange Beraterin Lou Andreas-Salomé schloss sich im Jahr 1912 dem Kreis um Sigmund Freud an und berichtete ihm über die dortigen Entwicklungen. Zu Sigmund Freuds Kulturtheorie vgl.: ders.,

Totem und Tabu (Einige Übereinstimmungen im Seelenleben der Wilden und der Neurotiker). Studienausgabe, Bd. 9, Frankfurt a. M. 1982, 287–444. – Wie schwer es im 18. Jahrhundert selbst für einen Autor des Sturm und Drang war, einen Vatermord zu inszenieren, zeigen Schillers *Räuber.* Franz Moor will seinen Vater zwar beseitigen, aber trotz aller Intrigen gelingt es ihm nur, ihn in den Scheintod zu treiben.

Lessing selbst deutet an, dass der Vater das Gesetz abwirft, nach dem er zwischen seinen Söhnen zu wählen hat. Nathan lässt den Richter sprechen: »Möglich, daß der Vater nun / Die Tyrannei des *einen* Rings nicht länger / In seinem Hause dulden wollen!« (Verse 2035–2037). Aus anderer Perspektive wäre freilich zu bedenken, ob das die Entscheidung des Vaters war oder ob die Söhne sie erzwungen haben. – Zu einem differenzierten Begriff der postassimilatorischen Generation siehe Jörg Hackeschmidt, Von Kurt Blumenfeld zu Norbert Elias. Die Erfindung einer jüdischen Nation, Hamburg 1997. Aus *Heimkehr* wird zit. nach KKA, Nachgelassene Schriften und Fragmente II, 572 f.

Schon in den dreißiger Jahren folgte Gershom Scholem der theologischen Linie, während Walter Benjamin ihr eher skeptisch gegenüberstand. Vgl. Benjamin über Kafka. Texte, Briefzeugnisse, Aufzeichnungen, hg. von Hermann Schweppenhäuser, Frankfurt a. M. 1981. – Brettschneider, Die Parabel vom verlorenen Sohn, 53–59, deutet *Heimkehr* als Parabel von einem verborgenen Gott. – Die dunklen Ursprünge der Gleichsetzung von Gott und Patriarch beschäftigen Freud in seinem Spätwerk; siehe ders., Der Mann Moses und die monotheistische Religion. Drei Abhandlungen, Studienausgabe, Bd. 9, 455–581.

Zu den Expressionisten wird Kafka z. B. von Kurt Pinthus, Lektor bei Ernst Rowohlt und Kurt Wolff, gezählt; vgl. dessen Aufsatz *Zur jüngsten Dichtung,* erschienen in: Vom Jüngsten Tag. Ein Almanach neuer Dichtung, Leipzig 1916, 230–247.

Mit Freud wurde Kafka zuletzt von Peter Gay gelesen: ders., Die Moderne. Eine Geschichte des Aufbruchs. Aus dem Englischen von Michael Bischoff, Frankfurt a. M. 2008, 243–248. – Den überzeugendsten Versuch, Kafkas Leben und Werk miteinander zu verbinden, unternimmt Reiner Stach in seiner monumentalen Biografie; von den drei geplanten Bänden liegen zwei bereits vor und stellen die Jahre 1910–1924 dar: ders., Kafka. Die Jahre der Entscheidungen, Frankfurt a. M. 2002, sowie Kafka. Die Jahre der Erkenntnis, Frankfurt a. M. 2008. – Der Brief an die zukünftige Braut wird zit. nach: Franz Kafka, Briefe an Felice, Frankfurt a. M. 1970, 412.

Das Tagebuch wird zit. nach KKA, Tagebücher, 341. – Die Briefe vom 13. Juli 1913 und Oktober 1917 werden zit. nach: Kafka, Briefe an Felice, 427 und 757. – Andeutungen eines Selbstmordgedankens finden sich z. B. in KKA, Tagebücher, 319 und 397, sowie in: Kafka, Briefe 1902–1924, 107 f.

Die Tagebucheintragungen vom 23. September 1912 und 11. Februar 1913 werden zit. nach KKA, Tagebücher, 460 und 491, die Passagen aus *Das Urteil* nach KKA, Drucke zu Lebzeiten, 41–61.

Der Brief vom Juni 1921 ist schon im ersten Kapitel zitiert und findet sich in Kafka, Briefe 1902–1924, 334.

Die Ereignisse um Julie Wohryzek sind, soweit sie sich noch rekonstruieren lassen, dargestellt in: Stach, Kafka. Die Jahre der Erkenntnis, 292–313. – Der *Brief an den Vater* nach KKA, Nachgelassene Schriften und Fragmente II, 143, 155 f., 187, 200, 210 und 192. – Was sich aus Kafkas Biografie für sein Werk lernen lässt, ist eine offene Frage. Hartmut Binders umfangreiche Studien etwa haben unsere Kenntnis seines Lebens entschieden bereichert, aber wie weit sich das auf ein Verständnis des Werkes anwenden lässt, muss dahingestellt bleiben.

Der Brief an Max Brod nach: Kafka, Briefe 1902–1924, 337; er entstand fast gleichzeitig mit dem Brief, der die Bindung Isaaks als Groteske beschrieb.

Der Brief an Carl Bauer wird zit. nach: Kafka, Briefe an Felice, 456 f., die Türhüterlegende nach KKA, Der Proceß, 294; *Von den Gleichnissen* findet sich ebd., Nachgelassene Schriften und Fragmente II, 531 f.

Nicht wissen, was gilt – Paul Celan

Celans Werk wird zit. nach der Werkausgabe im Suhrkamp Verlag: Paul Celan, Gesammelte Werke in fünf Bänden, hg. von Beda Allemann und Stefan Reichert, unter Mitwirkung von Rolf Bücher, Frankfurt a. M. 1986 (nachfolgend CGW).

In Kafkas Erzählung *Die Verwandlung* z. B. ist Gregor Samsa offensichtlich kein Jude; vgl. das Ende, wo sich Eltern, Schwester und Bedienerin vor dem toten Tier bekreuzigen. – Günter Grass ist für die Trennlinie, die seit der Shoah zwischen jüdischen und nichtjüdischen Autoren steht, ein komplexes Beispiel. Er hat die Hitlerzeit intensiv aufgearbeitet, in seiner Frankfurter Poetik-Vorlesung aber wirft er einen kritischen

Blick auf das eigene Werk. Die Vorlesung hielt er 1990, 16 Jahre vor seinen Erinnerungen *Beim Häuten der Zwiebel*, in denen er seine Mitgliedschaft in der Waffen-SS enthüllte; vgl. ders., Schreiben nach Auschwitz, Frankfurt a. M. 1990. Hier (29–32) stellt er auch sein persönliches Verhältnis zu Paul Celan dar. – Gut ausgeleuchtet wird das jüdische Gedächtnis bei Stephan Braese, Die andere Erinnerung. Jüdische Autoren in der westdeutschen Nachkriegsliteratur, Berlin/Wien 2001; paradigmatisch werden Werke und Rezeption von Grete Weil, Edgar Hilsenrath und Wolfgang Hildesheimer untersucht. – Den bedeutendsten Versuch, die Trennlinie der Gedächtnisse von deutscher Seite her zu überschreiten, unternahm seit den neunziger Jahren der leider zu früh verstorbene W. G. Sebald. Oft sind bei ihm jüdische Protagonisten auf der Suche nach ihrer verlorenen Vergangenheit, und ein deutscher Erzähler begleitet sie dabei.

Die Antwort auf eine Umfrage der Librairie Flinker wird zit. nach CGW, Bd. 3, 167 f. Für alle biografischen und bibliografischen Angaben vgl. die ausführliche Zeittafel zum Briefwechsel Celans mit seiner Frau: Paul Celan – Gisèle Celan-Lestrange, Briefwechsel. Mit einer Auswahl von Briefen Paul Celans an seinen Sohn Eric, hg. und kommentiert von Bertrand Badiou in Verbindung mit Eric Celan, Anm. übersetzt und für die dt. Ausg. eingerichtet von Barbara Wiedemann, 2 Bde., Frankfurt a. M. 2001, hier Bd. 2 (Kommentar), 385–500. – »Todesfuge« wird zit. nach CGW, Bd. 1, 42, die Bremer Dankesrede nach ebd., Bd. 3, 185.

Die Zitate aus *Der Meridian* werden zit. nach CGW, Bd. 3, 202, 197 und 199. – In Sebalds letztem Roman ist Celan mehrfach präsent. Im Königlichen Observatorium in Greenwich führt der Architekturhistoriker Jacques Austerlitz in deutlichem Bezug auf die Preisrede am dort festgelegten Nullmeridian seinen Begriff von der tödlichen Zeit vor, in der wir leben; und in den fünfziger Jahren wohnt er in Paris im Haus Nr. 6 der rue Émile Zola, Celans letzter Adresse; vgl. Winfried Georg Sebald, Austerlitz, Frankfurt a. M. 2003, 148–152, 363.

»Schwarze Flocken« wird zit. nach CGW, Bd. 3, 25, »Todesfuge« wiederum nach CGW, Bd. 1, 41. – Zu den Radierungen von Gisèle Lestrange vgl. die Sonderausgaben der Gedichtzyklen *Atemkristall* und *Schwarzmaut* (Paris 1965 und 1969).

Auf »Schwarze Flocken« als poetologisches Gedicht wies zuerst Barbara Wiedemann-Wolf hin: dies., Antschel Paul – Paul Celan. Studien zum Frühwerk, Tübingen 1985, 266–272. – In

Celans Dichtung findet sich »Licht« in zahlreichen Zusammensetzungen, so noch im Titel des letzten, postum veröffentlichten Bandes *Lichtzwang* (Frankfurt a. M. 1970). – Das sich anschließende Zitat aus *Der Meridian* folgt erneut CGW, Bd. 3, 200. – Unter den von Celan übersetzten Erzählungen Kafkas befinden sich »Vor dem Gesetz« und »Eine kaiserliche Botschaft« aus dem Zyklus *Ein Landarzt.*

Aus dem Antrag auf Einbürgerung in Frankreich wird zit. nach: Paul Celan – Gisèle Celan-Lestrange, Briefwechsel, 403. – Die tiefe Bedrohung, die Celan von Russen und Ukrainern gerade als Jude empfand, hat ihn später der Dichtung Ossip Mandelstams nahegebracht. – Über Celans Verhältnis zum Vater vgl. die informationsreiche Einführung in sein Leben und Werk von Wolfgang Emmerich: Paul Celan, Hamburg 1999, 27–32. – Gut dargestellt sind die Wiener Monate im Buch zur Ausstellung »Displaced. Paul Celan in Wien 1947–1948«, hg. von Peter Goßens und Marcus G. Patka, im Auftrag des Jüdischen Museums Wien, Frankfurt a. M. 2001.

Der Brief an israelische Verwandte wird zit. nach Displaced, 157, und Paul Celan – Gisèle Celan-Lestrange, Briefwechsel, 405, »Der Sand aus den Urnen« nach CGW, Bd. 1, 22.

Zu Celans Verhältnis zum Surrealismus siehe Displaced, 62–79. – »Zwiegestalt« wird zit. nach CGW, Bd. 1, 94; an zahlreichen Stellen wird der Traum als bewusstes Motiv in die Dichtung eingeführt, vgl. ebd., Bd. 1, 12, 14, 17, 25–27, 31, 34, 37, 88 und 98; ebd., Bd. 2, 24, 44 und 63. – »Auf Reisen« wird zit. nach ebd., Bd. 1, 45, aus der Bremer Dankesrede nach ebd., Bd. 3, 185 f., und »Sprich auch du« nach ebd., Bd. 1, 135.

Die im letztgenannten Gedicht sehr deutliche Lichtmetaphorik findet sich versteckt auch in »Auf Reisen«: Das Gedicht eröffnet einen Zyklus, der den Titel *Gegenlicht* trägt; vgl. CGW, Bd. 1, 43.

Der Beginn der Erzählung *Gespräch im Gebirg* wird zit. nach CGW, Bd. 3, 169. – In »Todesfuge« heißt es, »er pfeift seine Juden hervor«, vgl. ebd., Bd. 1, 41. – Celan schreibt die Erzählung nach einem Besuch in Graubünden, wo eine geplante Begegnung mit Theodor W. Adorno nicht zustande kam. Oft geht die Forschung davon aus, *Gespräch im Gebirg* reflektiere dieses Versäumnis, und ausführlich nimmt dazu Stellung: Mirjam Sieber, Paul Celans »Gespräch im Gebirg«, Erinnerung an eine »versäumte Begegnung«, Tübingen 2007; vgl. dort bes. 141–224. Darüber hinaus legt die Erzählung zahlreiche Texte nahe, mit denen sie korrespondiert, neben Oswald Spengler,

Untergang des Abendlandes u. a. Friedrich Nietzsche, *Also sprach Zarathustra,* und Martin Buber, *Ich und Du;* gemeinsam sind allen genannten und weiteren Kontexten die kulturkritischen Positionen, die in ihnen zum Ausdruck kommen.

Aus der Erzählung *Lenz* wird zit. nach: Georg Büchner, Werke und Briefe, hg. von Werner R. Lehmann, Darmstadt 1980, 83 und 69; die historischen Daten in Oberlins Aufzeichnungen vgl. ebd., 361. – Die Zitate aus *Der Meridian* – hier und im Weiteren – finden sich in CGW, Bd. 3, 201, jene aus *Gespräch im Gebirg* ebd., 169–173.

Celans Hinwendung zum Judentum seit den späten fünfziger Jahren wird ausführlich dargestellt in: Jürgen Lehmann (Hg.), Kommentar zu Paul Celans »Die Niemandsrose«, Heidelberg 2002, 11–35. – »Psalm« findet sich in CGW, Bd. 1, 225. Mit dem zentralen Wort in »Psalm« hatte Celan auch den Titel für den Gedichtband gefunden, das lässt sich chronologisch belegen. Nach den vorhandenen Textzeugen wurde »Psalm« am 5. Januar 1961 abgeschlossen, und schon wenige Wochen später, am 31. Januar, gab Celan dem geplanten Band seinen endgültigen Titel; vgl. den oben angegebenen Kommentar zu Paul Celans *Die Niemandsrose,* 20 und 112.

Zu einer Lektüre der Lyrik Celans in der Tradition des Psalters siehe Arnold Stadler, Das Buch der Psalmen und die deutschsprachige Lyrik des 20. Jahrhunderts. Zu den Psalmen im Werk Bertolt Brechts und Paul Celans, Köln 1989, bes. 141–184. – Celans Notiz zu seinem Gespräch mit Nelly Sachs ist abgedruckt in: Paul Celan – Nelly Sachs, Briefwechsel, Frankfurt a. M. 1993, 41. – »Zürich, Zum Storchen« wird zit. nach CGW, Bd. 1, 214 f.

***

Das Kapitel »Ein besseres Lied. Heinrich Heine« ist in englischer Übersetzung vorab erschienen: Jakob Hessing, Heinrich Heine. A Better Song, in: Naharaim. Zeitschrift für die deutsch-jüdische Literatur und Kulturgeschichte/Journal of German-Jewish Literature and Cultural History 3 (2009), H. 2, 155–176. © Walter de Gruyter GmbH & Co. KG.

Zum Autor

Jakob Hessing kam 1944 in Lyssowce (Oberschlesien) zur Welt. Nach dem Krieg ging die Familie nach Deutschland und er verlebte seine Schulzeit in West-Berlin, bevor er im Jahr 1964 nach Israel auswanderte. Seit 1995 ist er Professor für Germanistik an der Hebräischen Universität in Jerusalem. Nach Übersetzungen hebräischer Literatur ins Deutsche (A. B. Jehoschua, Jehoschua Kenas) veröffentlichte er u. a. die Biografie *Else Lasker-Schüler, deutsch-jüdische Dichterin* (Karlsruhe 1985), des Weiteren *Der Fluch des Propheten. Drei Abhandlungen zu Sigmund Freud* (Rheda-Wiedenbrück 1989) und *Der Traum und der Tod. Heinrich Heines Poetik des Scheiterns* (Göttingen 2005), sowie die Romane *Der Zensor ist tot* (Weinheim 1989) und *Mir soll's geschehen* (Berlin 2005). Von 1993–1999 gab Hessing den *Jüdischen Almanach* heraus. Er ist freier Mitarbeiter der Kulturzeitschrift *Merkur* und als Literaturkritiker für die Tageszeitungen *Frankfurter Allgemeine Zeitung* und *Die Welt* tätig. Jakob Hessing ist Mitglied der Else-Lasker-Schüler-Gesellschaft in Wuppertal.